나의 교회를 사랑합니다

최병락 지음

목 차

1 교회 가운데 서신 예수님 요한계시록 1장 9-20절 ——— 3

2 에베소 교회 요한계시록 2장 1-7절 ——— 19

3 서머나 교회 요한계시록 2장 8-11절 ——— 39

4 버가모 교회 요한계시록 2장 12-17절 ——— 57

5 두아디라 교회 요한계시록 2장 18-29절 ——— 75

6 사데 교회 요한계시록 3장 1-6절 ——— 91

7 빌라델비아 교회 요한계시록 3장 7-13절 ——— 105

8 라오디게아 교회 요한계시록 3장 14-22절 ——— 123

9 나의 교회를 사랑합니다 요한계시록 3장 22절 ——— 139

1
교회 가운데 서신 예수님

1
교회 가운데 서신 예수님

요한계시록 1장 9-20절

요한계시록은 종말에 대한 책일까요, 교회에 대한 책일까요?

우리는 흔히 요한계시록을 종말에 관한 책이라고만 알고 있습니다. 하지만 요한계시록의 기록 목적은 장차 될 일을 전달하는 것에 멈추는 것이 아니라, 장차 될 일에 대해서 교회를 준비시키는 책이라는 것을 알아야 합니다. 그래서 소아시아에 있는 일곱 개의 교회를 통해 교회가 어떻게 하면 책망을 받고, 어떻게 하면 칭찬을 받고, 어떻게 하면 버림을 받고, 어떻게 하면 쓰임을 받는지 다양하게 설명해 주고 있습니다.

이것은 비단 아시아의 일곱 교회에게만 보내는 편지가 아니라 전 세계에 있는 모든 교회들에 보내는 편지입니다. 일곱 교회를 계속 살펴보면서 각자의 교회가 어떤 상태에 있는지 점검하고 종말의 때에 깨어 있는 교회, 쓰임 받는 교회가 되라는 메시지인 것입니다.

따라서 앞으로 9주 동안 요한계시록에서 가르쳐 주는 '교회가 무엇인지'를 살펴보고 은혜를 나누고자 합니다.

오늘은 서론으로 일곱 교회를 살펴보기에 앞서서 요한계시록 1장 9-20절을 통해 교회가 어떤 곳이며 얼마나 영광스러운 곳인지를 살펴보고 은혜를 받고자 합니다.

첫째, 교회의 주인은 예수 그리스도이십니다.

> "네 본 것은 내 오른손에 일곱 별의 비밀과 일곱 금 촛대라 일곱 별은 일곱 교회의 사자요 일곱 촛대는 일곱 교회니라"(계 1:20).

제가 한국에 와서 이곳저곳을 다니다 보면 가끔 지인들이 어떤 건물을 가리키며 이렇게 알려 줍니다.

"목사님, 저 건물은 주인이 연예인 누구입니다."

"목사님, 저기 보이는 건물은 주인이 아무개 아무개입니다."

그러면 저는 신기하게 쳐다봅니다. 주인이 누구냐는 것을 알고 나면 그 건물이 예사로 보이지 않습니다. 그냥 건물이 아니라, 그 주인의 권력의 크기만큼 그 건물의 위상은 높아지고 함부로 할 수 없게 됩니다. 하물며 교회의 주인이 예수님이랍니다. 무슨 말이 더 필요하겠습니까?

요한계시록 1장 20절에는 교회가 예수님의 손에 있다고 말하고 있습니다. 일곱 교회와 일곱 사자라고 했으니 목사도 포함이 되어 있습니다. 교회와 목사는 예수님이 손으로 붙잡고 계시다고 기록하고 있습니다. 그러니, 교회는 음부의 권세가 절대로 이길 수도, 예수님의 손에서 빼앗아 갈 수도 없습니다.

하지만 예수님의 손에 교회가 있다는 것이 한없이 든든하기도 하지만 동시에 교회를 향해서는 굉장히 높은 수준을 요구하고 계신다는 것도 알아야 합니다.

앞으로 살펴볼 일곱 교회를 보면 알겠지만, 일곱 교회 중에 칭찬받은 교회는 두 교회밖에 없습니다. 예수님 앞에 교회가 칭찬받을 확률이 7분의 2밖에 안 된다는 사실이 우리를 긴장시킵니다.

예수님이 자비가 많으시고 오래 참으시고, 일곱 번씩 일흔 번이라도 용서하시는 분이지만 유난히 교회를 대하실 때는 신중하시고 까다로우시고 높은 수준을 요구하시는 것을 알 수 있습니다. 예수님께서는 성전이 성전의 역할을 하지 못하게 장사판으로 만들어버린 것을 보시며 상을 뒤집어엎는 분노를 나타내셨습니다.

이처럼 예수님은 교회만큼은 정말 신중하고 꼼꼼하게 다루셨습니다. 이런 모습을 볼 때 우리가 그냥 교회만 다닐 것이 아니라 우리 교회를 얼마나 잘 섬기고 주님이 기뻐하시는 교회가 되게 해야 하는지 긴장하지 않을 수 없습니다.

그렇다고 긴장만 하고 있을 필요는 없습니다. 예수님이 교회를 손에 쥐고 계시기 때문에 예수님께 책망을 받을지언정 외부로부터는 안전합니다.

예수님이 책망하시는 일은 있어도, 다른 어떤 세력도 교회를 함부로 할 수 없도록 예수님이 든든히 지켜 주시는 권세를 가진 곳이 또한 교회입니다. 이게 교회의 권세이고 특권입니다. 예수님이 야단을 치실망정 음부의 권세가 좌지우지 못 하도록 보호하신다는 뜻입니다.

몇 차례 말씀을 드렸지만, 사람이 포기해서, 문 닫는 교회는 있어도 예수님이 포기하시는 교회는 없습니다. 일 년에 수천 개의 교회가 문을 닫아도 그중에 예수님이 포기해서, 예수님이 음부의 권세에게 져서 강제로 문을 닫는 교회는 없습니다. 사람들이 미리 포기하고 '다 끝났다' 생각하고 문을 닫는 교회가 몇 천 개가 될지 몰라도 주님이 포기하는 교회는 세상에 없습니다. 예수님은 교회를 영영히 지키시고 보호하시기 때문입니다.

성경에도 예수님이 교회라는 단어와 함께 등장하실 때는 연약한 모습이 아니라, 하나님의 모습으로 나타나십니다. 요한계시록 1장에도 예수님께서 교회 가운데 거니시는 모습을 보면 완전히 하나님의 능력과 위엄을 가진 하나님의 모습으로 등장하십니다.

"촛대 사이에 인자 같은 이가 발에 끌리는 옷을 입고 가슴에 금띠를 띠고 그 머리와 털의 희기가 흰 양털 같고 눈 같으며 그의 눈은 불꽃 같고 그의 발은 풀무불에 단련한 빛난 주석 같고 그의 음성은 많은 물 소리와 같으며 그의 오른손에 일곱 별이 있고 그의 입에서 좌우에 날선 검이 나오고 그 얼굴은 해가 힘있게 비취는 것 같더라"(계 1:13-16).

예수님이 지금 일곱 교회 사이를 거닐고 계십니다. 교회를 지키고 계시는 것입니다.

저는 중학교 때 시골 교회를 다녔습니다. 중학교 2학년 때 예수님을 믿었음에도 불구하고 죄인 줄도 모르고 저질렀던 죄가 한 가지가 있습니다. 한두 살 터울의 친구들과 같이 남의 집 과일밭에 가서 서리한 과일을 나눠 먹었던 일입니다. 토요일 밤마다 은평교회 중고등부 예배를 마치면, 집으로 가지 않고 교회에 있는 방에 둘러앉아 놀다가 서리를 하러 갑니다.

서리를 하러 가던 곳은 두 곳이었는데 한 곳은 장성 마을의 수박밭이요 또 한곳은 밤골의 포도밭이었습니다. 둘 다 여름 과일이라서 서리하기에 안성맞춤이었습니다.

그런데 수박 서리는 늘 쉽게 성공했는데, 포도 서리는 번번이 실패했습니다. 이유는 간단합니다. 수박 서리를 하러 가면, 수박밭 주인은 원두막에서 자고 있었습니다. 그러니 익었는지 안 익었는지 잘 두드려 보고 마음 편히 따서 가지고 옵니다. 반면 포도밭 주인은 원두막에서 졸지도 않고 늘 포도밭 고랑을 오가다가 불시에 나타났기 때문에 한 번도 제대로 익은 포도를 서리해 온 적이 없었습니다. 수박밭 주인은 잠을 자는데 포도밭 주인은 포도밭을 거닐고 있으니 그 맛있는 포도에 손도 대지 못했던 것입니다.

바로 이 모습입니다. 예수님은 교회를 세우신 뒤 사탄 마귀가 와서 성도들을 마음껏 훔쳐 가도록 놔두고 주무시는 주인이 아니라, 졸지도 주무시지도 않고 교회들 사이를 거닐며 지키고 계십니다. 그것이 오늘 요한계시록 1장에 나타난 예수님의 모습입니다. 오늘 본문을 보면 예수님께서는 불꽃같은 눈동자로 교회를 지키고 계신다고 합니다.

여러분, 교회를 만만하게 보시면 안 됩니다. 교회는 절대로 만만한 곳이 아닙니다. 주인이 예수님이기 때문입니다. 예수님이 주인이신데 그 누가 교회를 넘어지게 할 수 있겠습니까?

아무리 작은 개척 교회라도, 담임목사님과 사모님 둘밖에 모이지 않는 교회라 할지라도 그 교회는 절대로 약하거나 만만하지 않습니다. 그 교회도 교회의 머리이신 예수님이 지키고 통치하고 계십니다.

약하다고 약한 것이 아닙니다. 교회는 약한 것처럼 보이지만 사실은 엄청난 권세를 가지고 있습니다. 우리 눈에 세상은 강하고 교회는 약해서 역사 속에서 교회가 늘 세상의 말발굽 아래 짓밟히며 살아온 것처럼 보이지만, 교회는 한 번도 약했던 적이 없습니다.

혀는 약해서 평생 이에 물립니다. 혀는 약하고 이는 강합니다. 그래서 이가 물면 물립니다. 그리고 피가 납니다. 하지만 이가 먼저 빠집니까, 혀가 먼저 빠집니까? 저는 지금까지 이 빠진 사람은 봤어도 혀 빠진 사람은 못 봤습니다. 약해 보이나 오래가는 것이 있고 강해 보이나 금세 사라지는 것이 있습니다.

교회도 마찬가지입니다. 기독교 2천 년 역사 동안 교회는 늘 제국의 말발굽에 짓밟히며 핍박을 받았습니다. 너무나 약하게 보여서 교회는 금방 역사의 뒤안길로 사라질 것 같았습니다. 하지만 그 화려하던 제국은 이가 다 빠져버리고 세상에서 사라져버렸지만, 교회는 지금도 살아서 세상의 절반을 전도하고 있지 않습니까? 이 땅에 이루어진 하나님의 나라인 에클레시아 교회는 이처럼 강력한 것입니다.

강한 것이 오래가는 것이 아니라 오래가는 것이 강하다는 말이 있습니다. 이것은 교회를 두고 하는 말입니다. 다시 한번 강조합니다. 교회는 예수님의 손에 있습니다. 그러기에 예수님이 영원하시니 교회도 영원히 그분의 손에서 보호하심을 받을 것입니다.

두 번째, 교회는 예수님의 몸이며 신부입니다.

교회는 예수님의 친구가 아니라 신부입니다. 이것을 설명하기 위해 교회는 예수님의 몸이라는 기본 정의에서 설명을 시작하겠습니다.

교회는 예수님의 몸이라고 했습니다. 예수님은 교회를 보며 교회는 자신이라고 말씀하셨습니다. 다메섹에 있는 교회를 핍박하러 가던 사울을 불러 세우시고는 예수님께서 사울에게 하신 말씀이 있습니다. "사울아 사울아, 네가 왜 다메섹에 있는 나의 교회를 핍박하느냐?"고 하지 않으시고, "사울아 사울아, 네가 왜 나를 핍박하느냐?"고 하셨습니다. 이처럼 예수님은 다메섹의 교회를 예수님 자신이라고 말씀하셨습니다. 그래서 교회는 예수님의 몸이라고 말하는 것입니다.

그런데 '교회가 예수님'이라는 정의를 이해하려면 공부를 해야 합니다. 알다시피 예수님은 승천하셔서 지금 하늘에 계시고, 재림 때까지는 하나님의 우편에 계시면서 우리의 집을 만들고 계신다고 요한복음 14장에서 밝히고 있습니다. 예수님이 천국에 계신데, 어떻게 교회가 예수님이 될 수 있을까요? 이것을 이해하려면, 예수님과 교회의 관계를 이해해야 합니다. 예수님과 교회의 관계를 가장 쉽게 설명한 곳이 에베소서 5장 31-32절입니다.

"그러므로 사람이 부모를 떠나 그의 아내와 합하여 그 둘이 한 육체가 될지니 이 비밀이 크도다 나는 그리스도와 교회에 대하여 말하노라" (엡 5:31-32).

예수님과 교회를 신랑과 신부로 설명하고 있는 것입니다. 남자와 여자가 남남으로 살다가 부부가 될 때는 그들은 이제 둘이 아니라 하나가 되는 것입니다. 예수님은 신랑, 교회는 신부가 되어 둘이 하나가 되는 것입니다.

성경은 교회를 '에클레시아'라고 말하며 여성명사를 씁니다. 이것은 '밖으로 불러내다'는 뜻입니다. 그런데 이 단어가 창세기 2장 23절에서 동일하게 쓰이고 있습니다. 하나님은 아담이 잠들었을 때 아담에게서 하와를 불러냈습니다. 이때 사용한 것이 에클레시아와 같은 "She was taken out of man"입니다. 따라서 에클레시아란 교회와 '불러낸 여자'라는 하와는 같은 의미를 가지고 있습니다.

윌리엄 젠킨(William Jenkyn)이라는 청교도 신학자는 교회를 가리켜 이렇게 정의했습니다. "아담이 잠들었을 때 그의 허리춤에서 나온 것이 하와이듯, 교회는 그리스도께서 사흘 동안 죽음의 잠을 주무시는 동안 그의 허리춤에서 나온 신부다."

하나님은 아담이 잠들었을 때 그의 갈비뼈를 취하여 하와를 만들었습니다. 그리고 아담이 잠에서 깨었을 때 아담이 하와를 보고 한 고백이 무엇입니까?

"…이는 내 뼈 중의 뼈요 살 중의 살이라…"

(창 2:23).

다시 말해, '너는 나다'라고 한 것입니다. 즉 예수님은 신랑, 교회는 신부이며 신랑인 예수님이 교회를 보고 '너는 나다'라고 말씀하신 것입니다. 그래서 교회와 예수님은 하나가 되는 것이고, 교회를 대하는 태도는 예수님을 대하는 태도와 같다고 말할 수 있습니다.

그렇기 때문에 예수님이 사울에게 교회를 함부로 대하는 것이 나를 함부로 대하는 것이고, 교회를 핍박하는 것이 나를 핍박하는 것이라고 말씀하셨던 것입니다. 그래서 예수님은 교회를 자신의 친구라고 하지 않고 순결한 신부라고 말씀하셨습니다.

여러분의 아내를 다른 남자가 때리거나 욕을 했다고 가정했을 때 허허 웃을 남편들이 있습니까? 남이 내 아내를 함부로 대한다는 것은 나를 함부로 대하는 것으로 간주하기 때문에 용서할 수 없는 일입니다.

예수님이 지금 그 말씀을 하시고 계십니다. '교회는 내 생명을 줘도 아깝지 않은 내 신부다. 내 신부를 함부로 대하는 것은 나를 함부로 대하는 것으로 알겠다'고 말씀하고 계십니다. 그러기에 우리는 이 거룩한 예수님의 신부인 교회를 예수님 사랑하듯 생명을 다해 사랑해야 합니다.

셋째, 예수님은 교회를 통해 일하십니다.

예수님은 종말의 때가 가까워올수록 교회를 준비시키신다고 했습니다. 서두에 말씀드린 것처럼 예수님은 종말 현상들을 설명하시고, 이 종말을 위해서 교회들에게 준비하라, 깨어 있으라 말씀하십니다. 교회를 통해 종말을 준비하고 완성하시겠다는 뜻이 이 편지에 담겨 있습니다.

예수님이 종말의 때가 가까이 오고 있으니 급하게 편지를 써서 선교단체에 보내라, 복지단체에 보내라, 어떤 기관에 보내라, 어떤 영향력 있는 임금에게 보내라고 하지 않으셨음을 알아야 합니다. 종말이 다가오니 교회에게 편지를 보내라고 하셨습니다.

하나님은 언제나 교회를 통해 일해 오셨습니다. 예수를 믿는 사람들 중에 교회를 너무 하찮게 여기는 사람들이 많습니다. 교회를 통해 이 땅에 하나님의 나라를 이루는 것을 우습게 여기는 사람들이 있습니다. 교회가 제 기능을 못 한다고, 예수님도 버리지 않은 교회를 자기들이 버리고, 자기들이 생각하는 유사 교회를 만들어서 그것을 통해 주님의 일을 하려고 합니다.

교회에 정교인으로 등록하지 않고 외부에 선교단체를 만들어 그곳에 충성하는 사람들이 있습니다. 자신이 다니는 교회에는 십일조를 드리지 않고 다른 선교단체나 더 좋은 곳이라고 판단하는 곳에 헌금을 보내기도 합니다.

십일조는 본인이 섬기는 교회에 드려서 성도의 마땅한 책임을 다하는 것이 당연한 일입니다. 선교단체나 다른 기관을 돕고자 한다면, 십일조를 낸 후에 자신의 수입에서 따로 떼어 헌금을 해야 합니다. 그런데 그렇지 않은 사람들이 많습니다. 이것은 본인이 다니는 교회를 하찮게 여길 때 할 수 있는 행동입니다. 선교단체도 소중하고 기독교 단체도 교회가 못 하는 일들을 감당해 주기에 귀중한 것이 확실하지만, 교회보다 앞설 수는 없습니다. 그것이 예수님이 교회에게 허락하신 영광입니다.

요한계시록에서 예수님은 종말의 때를 대비하여 교회를 준비시키는데, 오늘날 그리스도인들은 교회에 실망하여 교회가 아닌 다른 곳을 통해 주님의 일을 하려고 하는 경향이 있습니다. 실망스러워 보이는 교회들이 더러 있기에 이해하지 못하는 것은 아니지만, 이러한 경향은 분명히 잘못된 것입니다. 존 플라벨(John Flavel)은 "교회가 죽지도 않았는데 너무 일찍 매장하지 말라"고 말했습니다.

세미한 교회에서 목회 중에 있었던 일입니다. 미국 애리조나주에는 나바호 인디언들이 많이 살고 있습니다. 수년 전에 자동차를 몰고 단기 선교를 할 교회를 찾아가다가 '미러클 인디언 교회'라는 곳을 만났습니다. 저는 여름마다 일주일간 차를 몰고 인디언 보호구역을 다니면서 어떤 선교팀도 찾아오지 않는 교회를 찾아내어 단기 선교팀을 보내는 일을 해 왔었습니다. 드웨인이라는 인디언 목사님과 통화하여 드디어 만날 약속을 정했습니다.

주소 하나만 들고 댈러스에서 15시간 거리의 그곳을 향해 단기 선교팀과 차를 몰고 떠났는데, 가는 내내 광야만 펼쳐져 있었습니다. 마침내 주소지에 도착해 아무리 찾아보아도 교회가 없었습니다. 한참을 두리번거리다가 보니 길가에 꽂혀 있는 작은 팻말을 발견했습니다. 'Miracle Indian Church', 한국의 초가집보다 더 초라한 집 한 채가 그곳에 덩그러니 서 있었습니다. 조금 더 차를 몰고 들어가니, 허허벌판에 천막을 쳐놓은 곳에 드웨인 목사님이 우리를 기다리고 있었습니다. 첫 모습에 충격을 받지 않을 수 없었습니다. 드웨인 목사님은 기타를 치며 홀로 찬송을 하며 서 있었는데, 가까이 가서 보니 앞을 보지 못했습니다. 우리가 온다고 혼자 교회를 지키며 몇 시간째 찬송하면서 서서 기다리고 있었던 것입니다. 얼마나 감동스러운 장면인지 모릅니다. '이곳에 교회가 있고 이 교회를 지키는 목사님이 있구나!' 시각장애인 목사님이 교회를 지키는 모습을 보니 너무 마음이 아팠습니다.

그 해부터 매년 여름이면 세미한 교회 단기 선교팀 50여 명이 미러클 인디언 교회로 달려갔습니다. 지역 어린이들을 모아 여름성경학교를 개최하고, 주민들의 머리를 잘라 주기도 하며, 사흘 저녁을 흙먼지 속에서 저녁집회를 열었습니다. 나바호 인디언 사역을 마치고 돌아올 때마다 깊은 생각에 빠지곤 했습니다.

아무도 없고 아무것도 세워지지 않은 그곳에, 드웨인 목사님 한 사람이 교회를 지키고 있었습니다. 우리 단기 선교팀이 도착한 뒤에, 그곳에 사역의 문이 열리고 주변의 어린이들이 교회로 돌아왔으며 천국의 복음이 널리 전해졌습니다. 이것은 미러클, 기적이었습니다.

뉴멕시코주 북쪽 마을 타오스에 있는 푸에블로 인디언 교회는 여든이 다 되신 인디언 목사님 부부가 지키고 있습니다. 당시 세미한 교회에서는 12년째 그곳을 방문하여 섬겼습니다. 나이 드신 목사님 부부가 교회를 포기하지 않으니 우리도 포기할 수 없었습니다. 주님이 그 교회를 포기하지 않고 계시니, 해마다 예상치 못한 간증들이 쏟아졌습니다.

이렇듯 우리 눈에는 한없이 초라해 보여도 하나님에게는 모두 귀한 자녀들이어서, 여전히 온 세상에 세워진 교회들을 통해 일하십니다. 아무도 오가는 사람이 없는 허허벌판 애리조나 땅에 지금도 드웨인 목사님이 기타를 치면서 찬송하고 있을 것입니다. 모두가 저러느니 문 닫지 하고 생각해도 그분은 문을 닫지 않습니다. 그 연약한 교회를 통해서 예수님은 지금도 일하고 계시기 때문입니다.

교회는 우리 생각보다 위대합니다. 교회는 우리 생각보다 강합니다. 예수님이 교회는 "나다"라고 하셨습니다. 우리에게 주신 최고의 선물, 교회를 예수님 사랑하듯 몸 바쳐 사랑하시길 바랍니다.

2

에베소 교회

2
에베소 교회

요한계시록 2장 1-7절

여러분, 이런 경험들이 있으신가요? 병원에서 정기검진을 받았는데, 며칠 후 병원에서 정밀검사를 해야 할 곳이 있다며 다시 내원하라는 것입니다. 그 며칠이라는 시간은 얼마나 길고 아득하며 불안하겠습니까?

나이가 들수록 병원에 가서 검진받는 게 무섭습니다. 그렇다고 해서 검진을 한 해 두 해 미루다 보면 나중에는 검사받기가 더 두려워집니다. 나이 쉰이 넘어가면서부터 무서운 말이 정밀검사와 조직검사라는 말이라고 합니다. '큰 병원 가 보라'는 말이 제일 겁이 납니다. 해가 갈수록 병원 가는 게 무섭고 피하고 싶지만, 그럼에도 불구하고 반드시 정기검진을 받아야 합니다. 그것이 결국 하루라도 더 빨리 건강을 돌보는 방법이기 때문입니다.

에베소 교회는 요한계시록에 나오는 일곱 교회 중에서

제일 오래된 교회입니다. 일곱 교회 중 가장 나이가 많은 맏형인 에베소 교회의 건강을 검진해 보기 위해 예수님께서 청진기를 드셨습니다. 어떤 결과가 나왔을까요? 지금부터 예수님께서 진단하신 건강검진 결과를 살펴보도록 하겠습니다.

우선 상태를 설명하자면 아직 중병에 걸린 것은 아닙니다. 소견서에는 이렇게 나와 있습니다. '대체로 건강한 편이지만 몸에 이상증후가 있으니 전문의의 치료를 요함.' 에베소 교회는 예수님께 칭찬도 받고 책망도 받은 교회입니다. 그런데 칭찬이 책망보다 조금 더 많은 양호한 편인 교회입니다.

우선 칭찬받은 내용을 살펴보겠습니다.

첫 번째 칭찬은, 인내하며 수고하는 성도들이 있는 교회라는 것입니다. 이것을 요한계시록 2장 2절 본문은 이렇게 표현하고 있습니다.

"내가 네 행위와 수고와 네 인내를 알고…"
(계 2:2a).

에베소 교회는 맏형으로 많은 수고를 했던 교회입니다. 바울이 2차 전도 여행 때, 실라와 함께 그곳에 도착하여 개척했고, 3차 전도 여행에서는 2년 3개월간이나 머물면서 하나님의 말씀을 가르치며 심혈을 기울인 곳입니다. 에베소 교회를 중심으로 주변에 다른 교회들을 개척했고, 지도자를 훈련하여 개척지로 파송했습니다. 나아가 주변 교회의 지도자들을 불러서 하나님 말씀을 가르치는 중심지 역할을 수행했습니다. 이처럼 에베소 교회는 지형적으로나 역할적으로 신약에 등장하는 교회 중 가장 중요한 핵심 교회입니다.

중요한 교회일수록 할 일이 많습니다. 위치가 좋은 교회일수록 할 일이 많습니다. 꼭 우리 교회 같습니다. 우리 교회는 중요한 교회입니다. 위치도 강남이고 이름도 중앙입니다. 대한민국의 침례교회와 그리고 대한민국의 교회들 앞에 할 일이 많은 교회입니다.

중요한 교회의 성도들은 할 일이 많습니다. 수고를 많이 하며 늘 바쁩니다. 교회 안의 일, 교회 밖의 일, 연합회 일 등 할 일이 한두 가지가 아닙니다. 교단의 큰 행사에는 항상 발 벗고 나서서 헌금도 드리고 직접 참여하여 부족한 부분을 메꾸어야 합니다. 저는 미국에서 목회하는 16년간 이런 역할을 해 왔기 때문에 훤히 알고 있습니다.

에베소 교회가 능히 이런 일들에 대한 수고를 자원하여 기쁨으로 해 주었기 때문에 소아시아 지역의 교회들이 개척될 수 있었고, 복음이 소아시아 전역으로 퍼져 나갈 수 있었습니다. 또한 복음이 아시아에서 유럽으로 넘어갈 때 에베소 교회가 징검다리가 돼 주었기 때문에 오늘날 전 세계로 복음이 퍼져나갈 수 있었습니다. 에베소 교회의 역할과 중요성은 말로 다

표현할 수 없습니다. 그들은 너무도 그 사명을 잘 감당해 주었습니다.

이런 모든 에베소 교회 성도들의 수고를 예수님이 알고 계신다고 말씀합니다. 특히 오늘 본문에 나오는 "내가 네 행위를 안다"라고 하실 때, 쓰인 단어 '행위'는 원어로 '에르가'라고 합니다. 이것은 요한의 서신에 자주 등장하는 문구로서 '하나님의 일, 하나님의 사업'을 지칭할 때 사용하는 단어입니다. 따라서 에베소 교회를 가리켜 '행위를 안다'는 이 말은, 에베소 교회가 하나님의 선한 사업을 얼마나 많이 했는지 예수님이 아신다는 뜻입니다.

오늘 본문에 "내가 너희 행위의 수고와 인내를 알고"라고 하셨는데, 여기에 참 어울리기 힘든 두 단어가 함께 등장합니다. 그것은 바로 수고와 인내라는 단어입니다.

제 경험에 의하면, '수고'와 '인내'는 함께 가기 힘든 단어입니다. 누구나 교회에 등록하고 성도가 되면 열심히 해 보려고 사역을 시작합니다. 교사로 헌신하고, 성가대에도 서고, 주방 봉사도 하며, 이런저런 교회 안의 숨은 봉사를 시작합니다. 그렇게 수고하는 성도는 많지만 그것을 오래 하는 성도를 만나는 것은 쉽지 않습니다. 다시 말해 수고가 인내를 만나는 경우가 힘들다는 것입니다. 몇 년 하다가 그 수고에 맞는 보상을 받지 못하거나 사람들이 알아주지 않으면, 또는 이런저런 개인 사정 때문에 내려놓는 경우가 많습니다.

그런데 그런 어려움을 다 이기고 끝까지 인내하면서 수고와 봉사를 멈추지 않는 사람들이 있습니다. 그분들이 하나님의 마음을 감동시킵니다. 수고는 모두 다 하는 것이지만 잠깐 수고하는 사람들이 있는가 하면, 그 수고가 인내를 만나서 한 번 시작한 사역을 끝까지 하는 성도들이 있습니다.

누군들 왕년에 잠깐 안 뜨거워 본 사람이 있습니까? 모두 충성하고 모두 열심히 하겠다고 하지만 많은 사람들이 어떤 계기가 생기면 내가 이런 대접 받으려고 이런 일 하는 줄 아냐고 하면서 일을 내려놓습니다.

어느 날, 교회에 처음 출석한 육십 대 남자 세 분이 있었습니다. 세 분이 함께 목양실을 찾아와 제 앞에 무릎을 꿇고 이렇게 헌신을 맹세했습니다. "목사님, 드디어 제 평생을 바칠 교회를 찾았습니다. 제 장례식은 이제 목사님이 치러 주십시오. 이 교회를 위해 목숨을 바치겠습니다." 정말 화끈한 분들입니다. 그런데 지금 그 세 분은 다 교회를 떠나고 없습니다. 조그마한 일에 상처를 받고 떠나버렸습니다. 화끈하게 왔다가 화끈하게 떠나버린 것입니다. 그래서 수고와 인내라는 단어는 장거리 여행에서 함께하기가 참 힘든 단어입니다.

그런데 에베소 교회는 인내와 수고라는 단어가 늘 함께 손잡고 다닌다는 그런 칭찬을 받은 것입니다. 더 놀라운 것은 여기에 등장하는 수고는 원어로 '코폰'이라는 단어인데, 이것은 일하고 피곤한 상태를 나타내는 단어가 아니라, 피 흘릴 정도로 일한 후에 얻는 심각한 고통을 말합니다. 에베소 교회가 하나님을 위해 행한 수고는 피곤한 정도가 아니라 피 흘릴 정도의 수고를 말하는 것입니다. 그런데 이런 수고를 잠시 한 것이 아니라 인내하면서 끝까지 했다는 것입니다.

이 칭찬을 3절에서는 더 구체적으로 이렇게 표현하고 있습니다.

> "또 네가 참고 내 이름을 위하여 견디고 게으르지 아니한 것을 아노라" (계 2:3).

여기서도 참고 견디고 게으르지 아니했던 것을 안다는 표현이 나옵니다. 그러니 에베소 교회 성도들의 뚜렷한 특징은 한 번 했다 하면 끝까지 하는 장점을 가진 교회였습니다. 그런데 3절을 보면 어떻게 에베소 교회가 그렇게 인내를 가지고 수고할 수 있었는지 그 비법을 발견할 수 있습니다. 이 비법을 오늘 우리가 다 배워야 합니다. 에베소 교인들이 인내와 수고를 할 수 있었던 비법은 과연 무엇일까요? 바로, 이 구절입니다.

> "또 네가 참고 내 이름을 위하여 견디고…"
> (계 2:3).

에베소 교인들이 누구의 이름을 위해서 견뎠다고 합니

까? 바로 예수님의 이름입니다. 자기 이름을 걸고 봉사한 것이 아니라 예수님의 이름을 걸고 봉사했다는 것입니다. 자기 이름을 걸고 봉사하면 자기 이름에 자존심 상하는 일이 생길 때 인내하기 어렵습니다. 누가 무시하면 "내가 누구인 줄 아느냐? 내가 당신 같은 사람에게 이런 대접을 받아야 하느냐?" 하면서 싸우든지 그만두는 일이 생깁니다.

그러나 나의 수고와 봉사가 예수님의 이름으로 하는 사람은 다릅니다. 나의 한마디가 예수님 이름에 먹칠하고, 나의 행동 하나가 예수님 영광을 가리는 일이라고 생각한다면, 함부로 행동하지 않을 것입니다. 우리가 수모와 창피를 당하고 오해를 받아도, 예수님의 이름을 위하여 받는 수모와 수고이기 때문에 참을 수 있는 것입니다.

내 이름을 위해 봉사한 사람은 수년 뒤에 내 이름이 교회 안에 유명해지지 않으면 그만두지만, 예수님의 이름을 위해 봉사한 사람은 수년이 지나서 내 이름을 알아주는 사람이 없어도 예수님의 영광이 더 높아진다면 그것으로 행복하고 감사할 수 있는 것입니다. 여러분은 지금 누구 때문에, 누구의 이름을 위해, 누구의 자존심을 높이기 위해 섬기고 있습니까?

에베소 교회 성도들은 적어도 몸에 피가 흐를 정도로 수고하면서도 잠시 하는 것이 아니라 인내를 가지고 끝까지 했습니다. 그러면서 자기의 이름 석 자를 걸지 않고 예수님의 이름을 드높이며 사명을 잘 감당했습니다. 우리는 에베소 교회의 이런 점을 반드시 배워야 합니다.

에베소 교회가 받았던 두 번째 칭찬은 무엇일까요? 악한 자와 거짓 사도를 교회 안에서 용납하지 않은 것입니다.

> "…또 악한 자들을 용납하지 아니한 것과 자칭 사도라 하되 아닌 자들을 시험하여 그의 거짓된 것을 네가 드러낸 것과" (계 2:2b).

에베소 지역은 항구 도시로서, 세상의 문물이 가장 먼저 들어오고 퍼져 나가는 매우 번화한 곳이었습니다. 지역 인구보다 훨씬 많은 사람들이 에베소에 머물렀고, 어디에서 와서 어디로 가는지도 모르는 사람들로 가득했습니다. 세상의 모든 종교가 만나고 헤어지는 곳이었고, 다양한 철학이 혼합되는 곳이었습니다. 에베소 교회는 에베소 지역의 특징을 자연스럽게 담고 있었겠지요.

교회 안에는 바울의 가르침을 받고 세워진 복음적인 크리스천들만 있었던 것이 아니었을 겁니다. 어디서부터 왔는지 모를 선생 노릇 하기 좋아하는 사람들이, 그들이 믿는 자신들의 교리를 사람들을 불러 놓고 가르치면서 자기의 위치를 견고하게 만들고 있었을 것입니다. 자기의 리더십을 세우기 위해서는 바울의 가르침이 잘못되었다고 은연중에 가르쳐야 했고, 혼자로는 안 되니 이 사람 저 사람, 귀가 얇은 사람들을 포섭해서 자기의 세력을 넓히기도 했을 것입니다. 그리고 어느 시점이 되자 교회를 흔들어 놓기 시작했을 것이고, 더 이상 바울이 발을 못 붙이게 하려는 심상치 않은 시도들도 있었을 것입니다.

그러나 에베소 교회를 향한 주님의 칭찬이 무엇입니까? 에베소 교회가 이러한 것에 현혹되지 않았다는 것입니다. 영화 '곡성'에 나온 두 가지 중요한 대사를 에베소 교회는 알고 있었던 것입니다.

"뭣이 중헌디?"

무엇이 더 진리에 가깝고 중요한지 알고 있었습니다.

"현혹되지 마소."

그들은 거짓 교리와 거짓 선생의 가르침에 현혹되지 않았습니다.

예수님은 에베소 교회의 분별력을 칭찬하고 있습니다. 거짓 사도가 가르치면 그것이 거짓된 가르침임을 알아차리고 거짓 사도를 가려내어 그들을 교회에서 내치는 분별력을 가지고 있었던 것입니다.

바울이 2년 3개월간 두란노서원에서 밤낮없이 하나님의 말씀을 가르친 보람이 있었던 것입니다. 말씀과 진리를 바르게 가르치면 교회 안의 가짜는 금방 드러나게 되어 있습니다.

예전에 어떤 목사님의 설교에 나온 내용입니다. 교회의 어떤 자매가 은행에 취직되어 한 달간 연수를 했습니다. 그 은행에서는 연수기간 내내 위조지폐 찾는 법을 가르쳤답니다. 생각 같아서는, 이것은 이 부분이 잘못되어 위조이고, 이 지폐는 재질이 달라 위조라며 지금까지 시중에 나온 위조지폐 사례를 세세히 알려준다면 위조지폐를 찾기 쉬울 것 같습니다. 그런데 그렇지 않았습니다. 진짜 지폐 한 다발을 주고 매일 그것을 세라고 했다는 것입니다. 한 달 내내 진짜 지폐를 세게 한 뒤 가짜 지폐 한 장을 슬쩍 끼워 넣는답니다. 그러면 백발백중 가짜를 찾아낸다고 합니다. 진짜를 제대로 알고 나면 진짜 외에는 모두 가짜니까 쉽게 찾아낸다는 것입니다. 이것이 진짜를 아는 힘입니다.

앞으로 신종 가짜는 계속 나타날 것이기 때문에 가짜를 종류별로 이기기는 힘듭니다. 그러나 진짜 복음을 알고 진리를 알게 되면 그 외의 것을 분별하는 것은 쉬운 일입니다.

바울이 에베소 교회에서 3년 동안 눈물로 진리의 복음을 가르쳤더니, 에베소 교회가 거짓 교사와 가르침을 분별해 내더라는 것입니다. 진짜를 가르치니 가짜를 분별해 내는 능력이 생깁니다.

바울은 3차 전도여행을 마치고 마지막으로 예루살렘으로 돌아갈 때에, 이제 예루살렘에 가면 자신이 죽을 수도 있다는 것을 환상을 통해 알게 됩니다. 유언처럼 에베소 교회에서 마지막 가르침을 남깁니다. 교회 지도자들을 향한 바울의 가르침이 무엇인지 사도행전은 이렇게 기록하고 있습니다.

> "여러분은 자기를 위하여 또는 온 양 떼를 위하여 삼가라 성령이 그들 가운데 여러분을 감독자로 삼고 하나님이 자기 피로 사신 교회를 보살피게 하셨느니라 내가 떠난 후에 사나운 이리가 여러분에게 들어와서 그 양 떼를 아끼지 아니하며 또한 여러분 중에서도 제자들을 끌어 자기를 따르게 하려고 어그러진 말을 하는 사람들이 일어날 줄을 내가 아노라 그러므로 여러분이 일깨어 내가 삼 년이나 밤낮 쉬지 않고 눈물로 각 사람을 훈계하던 것을 기억하라" (행 20:28-31).

에베소 교회는 바울이 눈물로 가르치던 그날의 그 가르침을 마음에 새기고 있었던 것입니다. 바울이 3년 동안 눈물로 가르쳤던 진리는 헛되지 않았습니다. 교회 안에 거짓 가르침이 들어와서 성도를 삼키려 할 때, 그들은 진리의 말씀으로 흉악한 이리에게서 예수님이 피로 값 주고 사신 교회를 지켰던 것입니다. 이렇게 에베소 교회는 눈물겹도록 멋지게 주님의 피로 값 주고 산 교회를 지켜 냈습니다.

앞으로 우리 교회도 진리가 아닌 것이 교회 안에서 힘을 얻는 일이 없도록 해야 할 것입니다. 거짓 교사가 버젓이 활개치는 일이 없어야 할 것이며, 이단은 구경조차 올 수 없게 전 교인이 영적 분별력을 가진 교회가 되어야 할 것입니다.

에베소 교회는 이토록 멋진 칭찬거리를 가진 교회였습니다. 하지만 예수님은 그렇다고 해서 에베소 교회의 잘못을 눈감아 주지는 않으셨습니다. 잘한 것은 잘한 것이고, 잘못한 것은 분명히 잘못했다고 지적하시면서 고치라고 하셨습니다. 이것이 오늘날 우리 교회들을 긴장시키는 대목입니다. 예수님은 절대로 교회가 잘한 것으로 잘못한 것을 눈감아 주지 않으십니다. 그렇다면 이런 칭찬을 받은 에베소 교회에게 지적하신 문제점은 무엇일까요? 바로, 첫사랑을 잃어버린 것입니다.

"그러나 너를 책망할 것이 있나니 너의 처음 사랑을 버렸느니라"(계 2:4).

왜 예수님께서 에베소 교회 성도들의 문제를 첫사랑에서 찾았을까요? 이렇게 칭찬거리가 많은 교회에게 트집 잡는 것도 아니고 왜 첫사랑을 잃어버렸다고 지적하고 계실까요? 이만큼 수고했으면 잘했다고 하실 수도 있을 텐데, 왜 첫사랑을 지적하실까요? 그렇다면 지금까지 보여 준 행동은 사랑이 아니고 뭐란 말입니까?

에베소 교회 성도들이 주님의 몸 된 교회를 지키느라 수고하고 고생한 뒤에 어떤 모습이었을까요? 예수님의 눈에는 교회를 지키느라 수고한 성도들의 공로만 남았고, 주님을 사랑하던 그 마음은 다 잃어버린 것으로 보였습니다.

내가 어려움 중에도 우리 교회를 지킨 공로, 내가 이 교회를 떠나지 않고 몇 십 년 섬긴 공로, 내가 이 교회를 세운 공로만 남아서, 에베소 교회 안에 공로를 기억하는 사람들은 가득한데, 예수님을 처음 만나서 뜨겁게 사랑하고 울던 그 첫사랑이 넘치는 사람은 없었던 것입니다. 예수님을 사랑하냐고 누가 물어보면, 불같이 화를 내면서 "못 들었어? 내가 이 교회 지켰다니까" 하는 공로로 사랑을 증명하려는 사람들이 에베소 교회 안에 꽉 찼던 것입니다.

아이들을 가르치는 차세대 교사에게 예수님을 사랑하냐고 물어보면, 내가 교회에서 교사를 20년째 하고 있다고 돌려대는 사람들이 있습니다. 성가대원들에게 예수님을 사랑하냐고 물으면, 내가 30년째 성가대를 하고 있다고 말하고 있고, 장로님을 붙들고 예수님 사랑하시냐고 물어보면, 내가 이 교회 장로라는 말로 대신하는 그런 슬픈 일이 에베소 교회 안에 일어나고 있었던 것입니다.

예수님 눈에 비친 에베소 교회는 모두의 마음속에 공로만 있고, 직분만 있고, 늘 수고하며 열심히 섬겨 오던 인내의 충성은 있는데, 정작 그 마음속에 예수님을 사랑하는 사랑이 보이지 않았던 것입니다. 예수님은 오늘도 여러분에게서 사랑을 찾고 계십니다. 여러분은 첫사랑을 잘 간직하고 계신가요? 예전에 뜨겁게 예수님을 사랑하던 그 마음만 못하다고요? 예전만 못하다면 그 첫사랑을 언제, 무엇 때문에 잃어버리셨나요? 오늘 예수님이 첫사랑을 잃어버린 에베소 교회 성도들에게 뭐라고 말씀하십니까?

> "그러므로 어디서 떨어졌는지를 생각하고 회개하여 처음 행위를 가지라 만일 그리하지 아니하고 회개하지 아니하면 내가 네게 가서 네 촛대를 그 자리에서 옮기리라" (계 2:5).

예수님이 여러분에게 지금도 원하시는 것은 처음 사랑입니다. 사랑만 있으면 못 할 일이 없기 때문입니다. 사역이 힘든 것도 사역이 많아서가 아니라 따지고 보면 사랑이 식어서 그렇습니다.

한국에서 미국으로 가장 빨리 가는 방법은 비행기를 타고 가는 것이라고 말하지만 더 빠른 방법이 있습니다. 그것은 사랑하는 사람과 가는 것입니다. 사랑하는 사람과 무엇이든 해 보세요. 힘들 게 없습니다. 함께 가는 길은 멀수록 좋고, 함께 하는 일은 오래 할수록 좋습니다. 이것이 사랑의 힘입니다.

오늘 예수님이 첫사랑을 회복하라고 하시면서, 동시에 그 첫사랑을 회복하는 방법도 가르쳐 주고 계십니다. 요한계시록 2장 5절에, 어디서 그 사랑이 떨어졌는지를 생각하고 그 지점으로 돌아가서 떨어트린 사랑을 찾아오라고 하십니다. 믿음이

급격하게 식고 교회에 소홀하고 마음에 분노가 일고 교회 사랑이 차가워지고 주님께도 서운해진 계기가 된 날이 여러분에게 있을 것입니다. 오늘 본문처럼 사랑이 떨어진 그 계기가 된 날, 다시 그날로 돌아가서 그때 잃어버린 그 열정, 사랑을 거기서부터 찾아오라고 하십니다.

열심히 믿음이 자라던 그날, 어떤 집사님이 지나가는 말로 던진 한마디가 마음에 걸려 소화되지 않습니다. 그때부터 교회도 싫어지고 성도도 싫어지고 주님을 믿는 믿음의 성장판도 닫혀버립니다. 살아온 수년의 세월이 아깝다면, 묵상 중에 다시 그날로 돌아가 그때 그분의 말을 삼키지 말고 용기를 내어 내뱉으십시오. 주님이 내 마음을 다 아시니 흔들리지 않는 믿음으로 기도를 통해 주님과의 관계를 회복하는 시간이 필요합니다. 나락으로 떨어지기 전날의 마음으로 회복하는 길은 주님께 더 가까이 다가가는 것입니다.

말씀을 전하는 설교자의 한마디가 마음에 꽂혀서 분노하게 되면, 그다음 주부터 설교가 들리지 않아 영적 영양실조 상태에 처하게 됩니다. 그것 때문에 교회와 주님에게서 멀어졌다면 다시 그날로 돌아가야 합니다. '나 들으라고 한 소리'라는 착각에서 벗어나 '나에게 주신 말씀'이라고 다시 해석해 제대로 들어야 합니다. 세상 누구도 예수님처럼 완벽하게 설교할 수는 없습니다. 누구나 실수할 수 있습니다. 마음에 박힌 가시를 그 자리에서 빼내버리고, 즐겁게 교회로 향하던 그 순간 그 첫 마음으로 돌아가 첫사랑을 다시 찾아오길 바랍니다.

교회가 싸우고 다투는 모습을 보고 내 믿음이 식었다면 그날로 신속히 돌아가십시오. 남들끼리 싸우는데 왜 내 믿음이 식어야 할까요? 어처구니없는 상황에서 빨리 벗어나 뜨겁게 주님을 사랑하는 첫사랑을 회복해야 합니다. 정작 싸운 당사자들은 그다음 날에 화해하고 용서하고 지금도 신앙생활 잘하고 있는데, 그것을 구경하던 당신은 지금까지 상처받고 믿음이 식은 채 살아가고 있다면 얼마나 억울합니까? 당신도 어서 첫사랑을 회복하시기 바랍니다.

사랑하는 우리 교회 성도 여러분, 주님은 오늘도 여러분의 마음에 청진기를 들이대시며 첫사랑의 온도를 재고 계십니다. 여러분의 첫사랑을 찾고 계십니다. 여러분의 첫사랑은 안녕하십니까? 너무 열심히 주님의 일을 하느라 정작 사랑은 저만치 멀어지고 식지 않았습니까? 30년 봉사에 잃은 것은 첫사랑이요 남은 것은 공로라면 얼마나 슬픈 일입니까?

주님은 오늘도 갈릴리 호숫가에 찾아와 베드로와 눈을 맞추시며 하신 질문을 여러분에게 다시 묻고 계십니다.

"요한의 아들 시몬아, 네가 나를 사랑하느냐?"

"예, 제가 주님을 사랑하나이다."

"그럼 되었다. 내 양을 부탁한다."

주님이 일꾼에게 원하시는 것은 기술도, 재능도, 경력도, 공로도 아닌 예수님을 사랑하는 마음 하나입니다. 그 마음만 잃지 않는다면, 영원히 지치지 않고 우리를 소생케 하는 하나님 나라의 낙원에 있는 생명실과를 먹여 주실 것입니다. 주님 다시 오실 때까지 설레는 첫사랑을 빼앗기지 않고 간직하며 사는 저와 여러분 되시기를 바랍니다.

3
서머나 교회

3
서머나 교회

요한계시록 2장 8-11절

　세상에 칭찬을 싫어하는 사람이 있겠습니까? 미국 세미한 교회를 떠나올 때 파송예배를 드리면서 아내와 제가 특송을 했었습니다. 특송을 준비하면서 아내와 제가 몇 번을 울었는지 모릅니다. 특송 마지막 부분에 나오는 가사는 이렇습니다. "주 뵈올 때 착한 일꾼이라 칭찬받기 나 원하네."

　주님께 칭찬받는 삶, 어쩌면 이것이 저희 부부의 인생 목적, 목회의 목적이라고 해도 될 것입니다. 사람의 칭찬이 아닌 주님께서 인정하시고 칭찬하시는 인생이 얼마나 복된 인생입니까?

　서머나 교회는 일곱 교회 중에 칭찬받은 두 교회 중의 하나입니다. 놀라운 경쟁력을 뚫고 예수님의 인정을 받은 교회라는 뜻입니다. 얼마나 복된 교회입니까? 예수님은 왜 서머나 교회를 칭찬하셨을까요? 책망도 하나 없이 오롯이 칭찬만 하셨을까요? 우리는 배워야 합니다. 예수님이 어떤 모습을 보시면 칭찬하시는지, 예수님께서 어떤 교회를 응원하시고 밀어주시고 마음이 홀딱 빼앗겨 버리시는지 우리는 배우고 또 배워야 합니다.

요한계시록 2장 8-11절에 나오는 서머나 교회에 대한 칭찬 내용은 굵은 줄기에서는 딱 한 가지입니다. 찬송가로 표현하자면 정확히 이렇습니다. "환난과 핍박 중에도 성도는 신앙 지켰네. 이 신앙 생각할 때에 기쁨이 충만하도다."

서머나 교회에 세찬 시련의 바람이 불어왔습니다. 사탄의 앞잡이, 마귀의 파송을 받은 자들이 성도들을 붙잡아 옥에 가두었습니다. 그리고 교회 안에 들어와 있는 자칭 유대인이라고 하나 유대인이 아닌 자들로 인해 교회가 복음 사역에 극심한 훼방을 받게 되었습니다. 사탄이 서머나 교회를 밟아 죽이려고 작심한 듯 집중 공격하고 있습니다. 아마 사탄의 눈에 서머나 교회가 살면 자기들의 나라에 큰 손해가 올 줄 미리 알았던가 봅니다. 그래서 조기 박멸하려는 듯 서머나 교회 죽이기에 총동원되어 집중 포화를 쏘아 대고 있습니다.

서머나 교회는 에베소 교회에서 북쪽으로 약 56킬로미터 지점에 있는 교회이고, 서머나는 에베소에 버금갈 정도로 발달된 지역입니다. BC 1000년에 헬라의 식민지로 건설된 곳으로, 역사와 전통이 있으며 황제 숭배가 강한 도시였습니다. 대부분의 학자들은 에베소 교회에서 서머나 교회를 개척한 것으로 봅니다.

교회가 개척되고 건실하게 성장하는 가운데, 갑자기 이 지역으로 유대인들이 몰려들기 시작합니다. AD 70년 로마 장군 티투스(Titus)에 의해 예루살렘이 완전히 붕괴되고 멸망합니다. 흔히 '헐반(Hurban)'으로 불리는 이 사건으로 예루살렘에 살던 유대인들이 온 세계로 흩어지는데, 그때 유대인들이 서머나 지역으로 대거 이동한 것입니다. 서머나에 도착한 유대인들은 가장 먼저 회당을 만들어 구심점을 형성했습니다.

그런데 서머나 지역에는 유대인들보다 먼저 뿌리 내린 기독교인들에 의해 교회(에클레시아)가 이미 세워져 있었습니다. 예루살렘 시절부터 유대인들은 교회를 눈엣가시처럼 여겼던 터라, 기독교를 극도로 싫어하는 로마와 손잡고 기독교를 이단과 사이비로 몰아 핍박할 계획을 꾸밉니다.

유대인들은 하지 않고 기독교인들만 하는 성찬식을 로마인들에게 거짓으로 소개합니다. 저들은 사람을 잡아 살과 피를 먹는 식인종으로서, 모일 때마다 "이것은 사람의 피다. 마셔라. 이것은 사람의 몸이다. 먹어라"라고 한다며 혐오 작전을 사용합니다. 유대인들은 세력을 키우기 위해 기독교인들을 아무런 긍휼도 없이 짐승처럼 잡아 죽여도 되는 집단으로 몰아붙입니다.

그렇지 않아도 로마의 입장에서도 늘 눈에 거슬려서 기독교인들을 소탕할 명분이 필요했는데, 유대인들이 자발적으로 그럴싸한 구실을 제공해 주니 그 기회를 놓칠 수 없었습니다. 식인종을 죽이는 데 무슨 긍휼이 필요하겠습니까? 그러니 유대인들과 로마가 손잡고 교회를 완전히 잔멸하기 위해 서머나 교회를 박해하기 시작한 것입니다. 그 장면에 대한 설명이 요한계시록 2장 9절입니다.

> "내가 네 환난과 궁핍을 알거니와 실상은 네가 부요한 자니라 자칭 유대인이라 하는 자들의 비방도 알거니와 실상은 유대인이 아니요 사탄의 회당이라"(계 2:9).

서머나 교회 안에 자칭 유대인이 예루살렘으로부터 와서 회당을 만들어 정통성을 주장하고 있지만, 예수님은 그들을 사탄의 모임이라고 말씀하셨습니다. 9절에 나오는 유대인은 사탄의 모임이라고 부르고, 10절에 나오는 마귀는 로마를 가리킵니다. 유대인과 로마가 손잡고 즉 사탄과 마귀가 결탁하여 서머나 교회를 집중 공격하고 있다고 표현하고 있는 것입니다.

그런데 서머나 교회의 고통과 시련은 엎친 데 덮친 격입니다. 9절에 사탄이 유대인을 통해 서머나 교회를 핍박한 것이 과거와 현재 진행형의 내용이라면, 10절은 마귀가 로마를 통해서 앞으로 핍박할 내용이 기록되어 있습니다. 시련이 끝난 것이 아니라, 지금 겪고 있는 시련 위에 앞으로 더 큰 시련이 더해질 것이라는 설상가상의 절망의 메시지가 전해진 것입니다.

> "너는 장차 받을 고난을 두려워하지 말라 볼지어다 마귀가 장차 너희 가운데에서 몇 사람을 옥에 던져 시험을 받게 하리니 너희가 십 일 동안 환난을 받으리라…" (계 2:10a).

여기서 십 일은 딱 열흘을 말하는 것이 아니라 충분히 긴 시간을 말하는 것인데, 특히 십, 백, 천 단위는 로마 황제를 상징하는 숫자로서, 로마에 의해 오랜 시간 동안 가해지는 핍박이라는 뜻으로 해석합니다. 그야말로 서머나 교회는 안으로는 동족의 핍박이 현재 진행형으로 행해지고 있고 밖으로는 더 극심한 로마의 핍박이 예정되어 있는 암울한 상황에 직면해 있는 것입니다. 따라서 서머나 교회에게 보낸 예수님의 편지는 핍박과 핍박의 중간에 보내진 것입니다. 지금까지 잘 참아 온 것을 칭찬하고 다가올 핍박을 잘 이겨 내라고 보낸 편지입니다. 따라서 이 칭찬은 완료형 칭찬이 아닌 중간점수로 보아야 합니다. 사탄의 회당으로부터 받는 동족의 핍박은 잘 이겨 냈지만, 이제 로마로부터 오는 핍박도 너희들이 잘 이겨 내야 한다는 당부가 들어 있는 편지이며, 중간평가 점수는 A 플러스를 받았습니다.

서머나 교회는 과연 앞으로 다가올 핍박도 잘 이겨 낼 수 있을까요? 역사는 서머나 교회에 대해서 이렇게 기록하고 있습니다. 2세기 초 활동했던 안디옥의 이그나티우스(Ignatius of Antioch, 안디옥 교회의 지도자)에 의하면, 서머나 교회는 서머나 교회 감독이었던 폴리캅 이후 교회들을 감독하는 감독 교회로 건실하게 성장했다고 합니다. 역사적 증언을 토대로 보자면, 서머나 교회는 로마의 핍박도 이겨 냈던 것입니다. 어떻게 서머나 교회는 이 고통과 연단과 시련과 환난과 핍박을 이겨 낼 수 있었을까요? 서머나 교회가 칭찬받도록 잘한 일을 알아보겠습니다.

첫 번째, 서머나 교회는 환난과 핍박을 주님께 더 가까이 나아가는 도구로 사용했습니다.

마귀는 서머나 교회를 이 세상에서 없애버리기 위해서 가장 비효율적인 방법을 선택했습니다. 초대교회 성도들은 단 한 사람도 예외 없이 핍박을 예상하고 믿은 사람들이었습니다. 초대교회 성도들은 예수를 믿기 위해 출세와 세상 명예를 포기하고, 잘 먹고 잘 사는 것을 포기하고, 가족도 친척도 포기했습니다. 죽는 줄 알면서도 그 모든 것을 예수님과 맞바꾼 사람들입니다. 핍박이 올 것을 당연한 것으로 여기고 예수쟁이가 된 사람들입니다.

그런데 마귀가 모르는 한 가지가 있었습니다. 기독교인들은 핍박과 고난으로는 절대로 예수님과 멀어지게 할 수 없다는 것이었습니다. 아니, 고난과 핍박은 오히려 기독교인들을 더 주님께 가까이 가게 만든다는 것을 몰랐습니다. 이것을 알았다면 마귀는 다른 방법은 다 써도, 이 방법만큼은 절대로 피했을 것입니다.

C. S. 루이스가 쓴 〈스크루테이프의 편지〉는, 마귀 삼촌 스크루테이프가 마귀 조카 웜우드에게 어떻게 크리스천에게서 믿음을 빼앗는지를 가르쳐 주는 31가지 방법이 담긴 책입니다. 거기에서 스크루테이프가 웜우드에게 이렇게 조언합니다.

"네가 저 원수(그리스도인)들을 원수의 앞잡이(그리스도)에게서 빼앗아 오기 위해서 절대로 고난이라는 방법을 사용하지 마라. 그들은 고난이 올수록 그 원수 앞에 가까이 나아가기 때문이다. 오히려 사용할 수 있다면 형통이라는 방법을 사용해라. 그 방법에 넘어가지 않은 사람을 본 적이 없다."

마귀는 지금 절대로 사용하지 말아야 하는 방법을 그만 서머나 교회에 사용하고 말았던 것입니다. 서머나 교회 성도들은 고난과 환난이 올수록 더욱 믿음이 좋아져 주님께 더 가까이 갔습니다. 떨어지라고 한 일들이 오히려 그분과 더 가깝게 만들어버린 것입니다.

욥을 하나님과 멀어지게 만들려고 고난을 사용했던 마귀는 보기 좋게 실패하고 맙니다. 고난 전의 욥은 하나님에 대해서 귀로 듣는 수준에 불과했는데 고난을 당하고 난 뒤에 그는 이제 눈으로 주님을 보는 수준이 되었다고 말합니다.

욥기 마지막 장인 42장 5절에서 욥은 이렇게 고백합니다.

"내가 주께 대하여 귀로 듣기만 하였사오나
이제는 눈으로 주를 뵈옵나이다"(욥 42:5).

이것은 고난을 지나온 자의 고백입니다. 그리스도인들에 가장 무서운 것은 고난이 아니라 형통입니다. 그래서 욥은 고난을 통과하고 믿음이 더 좋아졌는데, 솔로몬은 형통 때문에 무너지고 말았습니다. 이 신비를, 자칭 유대인들도, 로마도, 귀신도, 마귀도 모르고 휘둘렀던 것입니다. 로마 사람들도, 거짓 유대인들도, 세상 사람들도, 마귀도, 귀신도 채찍으로 서머나 교회 성도들을 때리면, 그들이 예수를 버리고 배교할 줄 알았는데, 오히려 그 채찍을 맞은 서머나 교회 성도들은 주님께 더 가까이 가고 있었던 것입니다.

보리농사를 지어 보셨습니까? 저는 어릴 적에 아버지를 따라 논에 나가서 보리농사를 지어 보았습니다. 보리농사는 겨울에, 논농사는 여름에 이모작을 할 수 있습니다. 겨울에 자라는 보리는 미리 파놓은 고랑에 보리 씨앗을 심습니다. 그런 다음 소가 끄는 평평한 합판 위에 사람이 올라타고 가면 파 놓은 고랑이 평평하게 됩니다. 그리고 한참 후에 그곳에 파란 보리가 올라옵니다. 추운 겨울에 보리가 땅 위로 올라오니 얼어 죽을 수도 있는데 잔인하게도 그때 하는 것이 보리밟기입니다. 온 가족이 나서 그 추운 땅을 뚫고 올라오는 기특한 보리를 오히려 지근지근 밟는 보리밟기를 합니다. 왜 보리밟기를 할까요? 민속

백과사전에 이렇게 나옵니다.

> "추운 겨울 날씨 때문에 보리밭이 얼어서 부풀어 오르거나 너무 따뜻하여 보리가 웃자라는 것을 막음으로써 보리의 성장을 돕는 일을 한다. 보리밟기는 보리의 성장 강화를 위해 하는 것이다. 보리밟기는 보리의 줄기, 잎에 상처를 주어 이때 생기는 상처로 수분의 증산이 많아지기 때문에 세포액 농도가 높아지고 생리적으로 내한성을 높이는 효과가 있다."

이렇게 보리를 밟으면, 상처를 입은 잎사귀에서 수분이 나와서 그 수분이 보리의 생산량을 늘리고 병에도 안 걸리고 보리의 품질이 높아진다는 것입니다. 보리밟기의 결과가 바로 황금 보리밭입니다.

저는 이 보리밟기와 같은 것이 서머나 교회에 행해진 핍박이라고 생각합니다. 마귀는 로마라는 세상에서 가장 강력하고 아픈 채찍으로 서머나 교회를 내리쳤지만, 오히려 서머나 교회 성도들은 로마가 때리고 밟을수록 찬 겨울을 이겨 내는 근성을 가지게 되었고, 그 채찍 때문에 수분이 흘러나왔습니다. 로마의 채찍이 만들어 낸 수분은 세 가지입니다. 땀, 눈물, 피였습니다. 예수를 믿는 것 때문에 서머나 교회는 이곳저곳으로 도망가며 땀을 흘렸고, 같은 형제가 붙잡혀 가면 통곡하면서 눈물을 흘렸고, 자기가 잡히면 채찍에 맞아 피를 흘렸습니다. 그런데 이 수분이 서머나 교회를 키우는 수분이 된 것입니다. 그 땀과 눈물과 피가 서머나 교회에 뿌려져 황금보리 같은 황금 면류관을 쓴 성도들로 가득한 교회를 만든 것입니다.

마귀는 이것을 모르고 로마라는 세상에서 가장 아프고 가장 잔인한 채찍으로 때렸지만, 서머나 교회는 그럴수록 주님을 더 강하게 붙잡고 더 견고해졌던 것입니다. 이 놀라운 교회가 바로 서머나 교회였습니다.

두 번째, 서머나 교회는 환난 중에도 예수님을 바라보았습니다.

요한계시록 2장 8절에 보면 예수님이 서머나 교회에 편지를 보내실 때 예수님이 누구신지 설명하는 구절이 나옵니다. 앞으로 보시면 알겠지만 일곱 교회에 편지를 보내실 때 예수님께서 자신을 표현하는 내용이 다 다릅니다. 교회 형편에 맞게끔 예수님 자신을 나타내십니다. 본문 8절에 예수님이 누구신지 서머나 교회에게 어떻게 표현하고 있습니까?

> "서머나 교회의 사자에게 편지하라 처음이며 마지막이요 죽었다가 살아나신 이가 이르시되" (계 2:8).

예수님 자신을 처음이요 나중이신 분으로, 죽었다가 부활하신 분으로 소개하고 있습니다. 무슨 의도가 들어 있습니까? 처음과 나중이라고 소개하신 이유는 '나 예수가 너희를 처음부터 끝까지 다 지켜보고 있다'는 것을 알려 주시는 것입니다. 죽었다가 부활했다고 소개하신 이유는 '서머나 성도들아, 너희가 죽을 만큼 환난을 당해도 죽었다가 다시 부활한 나를 바라보고 소망을 가지라'는 뜻입니다.

"죽을 것 같은 모진 시련이 너희를 뒤덮을 때, 십자가에 죽었지만 다시 부활한 나를 생각하고 나를 바라보아라. 죽을 것 같은 환난이 와도 너희를 죽이지 못할 것이요, 혹시 죽여도 죽은 것이 아니요, 너희 교회는 다시 부활할 것이다. 죽음을 두려워하지 말고, 핍박에 약해지지 말라. 죽도록 충성하라. 내가 생명의 면류관을 너희에게 주리라." 이 뜻으로 8절에 예수님이 나는 죽었다가 살아난 자라고 표현하신 것입니다.

이 말은 곧 너희들이 앞으로 힘들 때마다 죽었다가 살아난 나 예수를 보고 힘을 내라는 뜻입니다. '나처럼 십자가를 진다면 나처럼 부활도 할 것이다. 나의 부활이 너희의 부활이 될 것이다. 괴롭고 힘들 때 고개를 들어 나를 보라'고 예수님이 서머나 교회에 외치고 계시는 것입니다.

서머나 교회 성도들은 예수님이 부르시는 소리를 듣고, 로마의 채찍을 바라보지 않고 눈을 들어 죽었다가 다시 사신 예수님을 바라보고 이 고난을 이겨 낸 것입니다. 히브리서 12

장 2절의 말씀을 서머나 성도들도 믿었던 것입니다.

> "믿음의 주요 또 온전하게 하시는 이인 예수를 바라보자 그는 그 앞에 있는 기쁨을 위하여 십자가를 참으사 부끄러움을 개의치 아니하시더니 하나님 보좌 우편에 앉으셨느니라" (히 12:2).

죽음을 두려워하지 말 것은 예수님도 십자가에 죽으셨기에 하나님의 보좌 우편에 앉는 영광을 누리신 것처럼, 우리도 예수 그리스도를 위해 받는 핍박은 영광으로 가는 지름길이기 때문입니다. 괴롭고 힘들 때 무엇을 바라보느냐는 이토록 중요합니다.

복음을 전하다가 돌에 맞았던 스데반은 천사의 얼굴을 하면서 죽음을 맞았습니다. 어떻게 그 아픈 돌이 날아오는데도 스데반의 얼굴은 천사의 얼굴 같았을까요? 이유는 한 가지입니다. 그는 그 순간 날아오는 돌을 보지 않았고, 눈을 들어 보좌에 계신 예수님을 보았던 것입니다. 돌을 보았다면 돌이 무서웠겠지만, 돌 너머 보좌에 계신 예수님께 시선을 맞추었더니 돌이 보이지 않았던 것입니다. 고난 중에 무엇을 바라보느냐가 이렇게 중요합니다. 십자가를 지고 가는 사람이 십자가를 바라보면 끝까지 십자가를 지고 갈 수 없습니다. 십자가만 바라보면 십자가가 너무 무겁고 힘들어서 버리고 싶습니다. 하지만 십자가 뒤에 따라올 영광을 바라보는 사람은 십자가를 지고 갈 수 있습니다. 나중에 십자가를 면류관과 바꾸리라는 것을 잘 알고 생명의 면류관, 영광의 상을 바라보기 때문에 십자가를 기쁘게 지고 가는 것입니다.

십자가를 바라볼 것인가, 영광의 면류관을 바라볼 것인가? 무엇을 바라보느냐가 이처럼 중요합니다. 그러기에 십자가의 크기와 면류관의 크기가 비례한다는 비밀을 알았던 성경 속 믿음의 조상들은, 십자가를 지고 예수님을 따라가는 삶을 너무도 당연하게 여겼습니다.

예수님도 제자들을 부르실 때부터 "아무든지 나를 따라오려거든 자기를 부인하고 자기 십자가를 지고 따라야 한다"고 하셨습니다. 사형 틀인 십자가를 지고 간다는 것은 언제든지 그 십자가에 달려 죽을 각오로 따른다는 말입니다. 그 사명의 십자가를 지고 가다가 죽을 만한 일을 만나거든, 죽어도 좋을 일을 만나거든, 순교할 시간이 왔거든, 아무 미련 없이 그 자리에 서서 십자가를 땅에 박고 달려 죽으라는 뜻입니다.

연약한 초대교회를 막강한 로마도 감당하지 못했던 결정적인 이유가 바로 이것입니다. 기독교인들은 자기가 달려 죽을 사형 틀을 짊어지고 목숨을 내어놓고 예수를 따르는 사람들이었기 때문입니다. 하지만 왜 믿음의 조상들은 이렇게 무겁고 힘들고 고통스러운 십자가를 영광스럽게 지고 갔던 것일까요? 한 가지 이유가 있습니다. 그 십자가는 잠시 후 생명의 면류관과 바꾸어질 것이기 때문입니다.

저는 지금까지 서울대 멀다고 불평하는 사람을 못 봤고, 다이아몬드 무겁다고 불평하는 사람 못 봤습니다. 서울대는 아무리 멀어도 갈 수 있고, 다이아 반지는 아무리 무거워도 낄 수 있습니다. 성도가 십자가가 아무리 무거워도 지고 갈 수 있는 것은 그 십자가가 나중에 생명의 면류관과 맞바꾸어질 것이기 때문입니다. 십자가가 크면 면류관도 크기 때문에 십자가가 무겁고 크다고 불평하지 않습니다. 면류관이 그만큼 크다는 뜻이기 때문입니다. 오늘 서머나 교회에게 주시는 예수님의 응원이 무엇입니까?

> "…네가 죽도록 충성하라 그리하면 내가 생명
> 의 관을 네게 주리라"(계 2:10b).

혹시 사명을 감당하다가 너무 힘들어서 내려놓으려고 하는 분들 계십니까? 예수만 안 믿었더라면 굳이 당하지 않아도 될 고난과 환난과 시련을 당한 분들 계십니까? 눈을 들어 예수님을 보십시오. 그분이 걸어가신 그 길을 걸어가십시오. 그 길은 영광의 길로 연결되어 있습니다. 십자가는 부활로 가는 지름길입니다. 여러분이 힘들게 지고 가는 그 십자가가 반드시 여러분을 살려 줄 것입니다.

주님이 말씀하십니다.

'십자가를 지고 죽도록 충성하라. 내가 생명의 면류관을 너에게 주리라. 그 십자가는 영원히 죽지 않는, 둘째 사망을 당하지 않는 생명의 면류관과 맞바꾸어질 것이다.'

우리 교회 믿음의 성도들은 우리에게 주신 십자가를 기쁘게 지고, 서머나 교회 성도들처럼 죽기까지 주님을 따르다가 영광의 면류관을 다 받아 쓸 수 있기를 바랍니다.

4 버가모 교회

4
버가모 교회

요한계시록 2장 12-17절

예수님께서 오늘 칼을 들고 버가모 교회를 찾아오셨습니다. 칼의 용도는 다양합니다. 칼이 의사의 손에 쥐어져 있다면 살리는 칼, 치료하는 칼이 될 것이고, 적군의 손에 쥐어져 있다면 나를 죽이는 칼이 됩니다. 나를 지켜 주는 칼이 있는가 하면 칼끝이 나를 향해 있는 무서운 칼도 있습니다.

오늘 여러분을 향해 예수님께서 칼을 들고 성큼성큼 다가오고 있다면, 그 칼의 용도는 여러분을 살리는 칼일까요, 심판하는 칼일까요? 아마 우리가 어떻게 살아왔느냐에 따라 그 칼의 용도가 달라질 것입니다. 예수님을 위해 잘 살아왔다면 여러분을 지켜 주시는 칼이 될 것이고, 예수님을 대적하면서 살아왔다면 그 칼은 여러분을 심판하시는 칼이 될 것입니다.

저는 우리 교회 모든 성도들 앞에 찾아온 예수님의 칼은 아픈 영혼을 치료하고 살리는 의사의 손에 들려진 칼처럼 치유의 칼, 살리는 칼이기를 바랍니다.

예수님이 칼을 들고 버가모 교회를 찾아오셨는데, 그 칼이 어떻게 생긴 칼인지 자세하게 설명해 주고 있습니다. 좌우에 날이 서 있는 칼이라 했습니다. 좌우에 날이 선 검이라고 자세히 설명한 것으로 봐서 양쪽 날의 용도가 다른 것 같습니다. 그렇습니다. 버가모 교회는 칭찬도 받고 책망도 받은 교회이기 때문에 양쪽 날이 다 필요했던 것입니다. 틀림없이 한쪽 날은 심판하는 칼이고, 다른 한쪽 날은 치료하고 지키시는 용도입니다.

먼저, 이 칼을 들고 버가모 교회를 향해 칭찬하시는 내용을 살펴보겠습니다.

> "네가 어디에 사는지를 내가 아노니 거기는 사탄의 권좌가 있는 데라 네가 내 이름을 굳게 잡아서 내 충성된 증인 안디바가 너희 가운데 곧 사탄이 사는 곳에서 죽임을 당할 때에도 나를 믿는 믿음을 저버리지 아니하였도다"
>
> (계 2:13).

버가모 지역도 서머나 지역처럼 황제 숭배가 성행했던 지역으로 그만큼 교회를 향한 핍박이 많았던 곳입니다. 로마가 버가모 교회를 없애기 위해 성도 중에서 가장 충성스러운 안디바를 죽이는 사건이 일어났습니다. 예수를 따르면 어떻게 되는

지 본보기를 보여 주어 흩어지게 만들려는 목적이었습니다. 하지만 그 모습을 보고 흩어지는 사람이 없었습니다. 모두 그 정도는 각오하고 믿은 사람들이기 때문입니다.

기독교인들을 핍박으로 흩트려 놓지 못한다는 것을 역시 사탄은 몰랐습니다. 오히려 교회는 그런 핍박을 이겨 낸 것을 평생의 자랑과 간증으로 삼고 살아가기 때문에 핍박이 오면 믿음이 더 좋아집니다. 버가모 교회를 향해 마귀는 로마라는 무서운 칼을 들고, 그 교회에서 가장 믿음이 좋고 충성하는 안디바를 색출해 내어 모든 성도가 보는 앞에서 죽이면서 본때를 보였습니다. 그럼에도 불구하고 성도들이 흩어지기는커녕 믿음이 더 견고해진 것을 보고 예수님이 칭찬하십니다. 그러고는 들고 계신 칼로 버가모 교회를 무섭게 지켜 주고 계십니다. 마귀가 다가오면 들고 계신 칼을 마귀에게 쓰윽 보여 주십니다. "내 칼에 죽을래, 가만 내버려 둘래?" 하시면서 교회를 지키고 계십니다. 주님은 오늘도 긴 칼을 들고 교회와 주님을 위해 핍박받는 사람들을 지키십니다. 음부의 권세가 도무지 이기지 못하는 곳이 교회인 줄 믿습니다.

그런데 이런 믿음으로 핍박을 이겨 내어 칭찬을 받았던 버가모 교회는 안타깝게도 내부적으로 책망거리가 더 많았습니다. 칭찬보다 책망이 많았던 교회, 그래서 예수님은 좌우의 날 선 검 중에 다른 쪽 날 선 검을 치켜들고 버가모 교회의 내부 문제를 책망하고 계십니다. 버가모 교회는 외부로부터 오는 문제는 너무 잘 이겨 냈는데, 내부적인 문제로 형편없이 무너지고 있었습니다. 그들의 문제가 무엇이었을까요?

> "그러나 네게 두어 가지 책망할 것이 있나니 거기 네게 발람의 교훈을 지키는 자들이 있도다 발람이 발락을 가르쳐 이스라엘 자손 앞에 걸림돌을 놓아 우상의 제물을 먹게 하였고 또 행음하게 하였느니라 이와 같이 네게도 니골라 당의 교훈을 지키는 자들이 있도다 그러므로 회개하라 그리하지 아니하면 내가 네게 속히 가서 내 입의 검으로 그들과 싸우리라" (계 2:14-16).

그들의 내부적인 문제는 첫째, 발람의 교훈을 지키는 사람들 때문이었고, 둘째로는 니골라당의 교훈을 지키는 사람들이 있었던 것입니다. 대체 발람의 교훈은 무엇이고, 니골라당의 교훈은 무엇일까요? 이것이 무엇이기에 교회 안에 이렇게 큰 문젯거리가 된 것일까요? 사실 이 발람의 교훈과 니골라당의 교훈은 같은 것으로서 음행의 문제입니다. 교회 안에 음행의 문제가 들어온 것입니다. 교회에 음행한 사람이 출석하고 있는 정도가 아니라, 교회가 음행을 공식적으로 묵과해 준다는 뜻입니다.

니골라당은 초대교회의 대표적인 이단 사상입니다. 육체

는 악하고 영은 선하다고 하는 이분법 사고를 가진 영지주의의 분파로서, 육신은 악하기 때문에 아무렇게나 다루어도 영이 믿음을 가지고 있으면 구원을 얻는다는 사상입니다. 따라서 이 사상은 필연적으로 육체의 쾌락과 방종을 가져옵니다. 그 결과 아무런 신앙의 가책 없이 음란이 자연스럽게 교회 안에서 범람했습니다.

발람의 교훈도 마찬가지입니다. 이스라엘 백성들을 저주해 달라는 모압 왕 발락의 요청을 받고, 발람은 모압 왕에게 아주 악한 방법을 모압 왕에게 가르쳐 줍니다. 이스라엘과 전쟁을 하지 않고도 이스라엘을 이기는 방법입니다. 저들의 신이 제일 싫어하는 것이 음행이기 때문에 모압 여인들을 보내어 음행을 하게 하면 저들의 신이 직접 벌을 내리게 함으로써 당신들 손에는 피 하나 안 묻히고 전쟁에서 이길 수 있다고 가르쳐 줍니다. 발람의 방법대로 따른 모압 왕은 싯딤나무 아래로 이스라엘 남자들을 유혹해서 행음하게 합니다. 그것 때문에 하나님께서 진노하시고 징벌하심으로써 이스라엘 백성 2만 4천 명이 죽음에 이릅니다. 하나님이 가장 싫어하시는 행음의 죄를 짓게 한 것이 발람의 교훈입니다.

지금 사탄이 그 방법으로 버가모 교회를 핍박하고 있습니다. 밖에서 로마를 충동하여 교회를 공격해 보니 더욱더 단단해지고 결집하여 믿음이 좋아져서 그 방법으로는 안 되겠다는 것을 알게 되었습니다. 그래서 교회 안으로 행음을 집어넣어 죄를 짓게 함으로써 하나님이 직접 그 교회를 심판하고 없애버리게 만들려는 것입니다. 그런데 손 안 대고 코 푸는 사탄의 전략이 안타깝게도 적중해버리고 맙니다.

이단 사상인 니골라당의 교훈을 받아들이고 발람의 교훈을 따라 버가모 교회 안에서 합법적이고 공식적으로 온갖 음행이 일어나고 있었던 것입니다. 성경 공부 시간에 행음이 합법이라고 가르치는 니골라당과 그것을 실천하는 발람의 교훈을 따르는 사람들이 교회 안에 버젓이 성도로 살고 있었던 것입니다. 아무도 그들을 몰아내지 않았습니다.

여러분, 버가모 교회가 얼마나 심각한 문제를 가지고 있었는지 아시겠습니까? 버가모 교회는 지금 하나님의 심판에 들어간 것입니다. 사탄의 공격을 받는 교회보다 하나님의 심판을 받는 교회가 훨씬 더 심각합니다.

지난 장에서 칭찬받았던 서머나 교회는 밖의 공격도 이겨 내고 안의 공격도 이겨 내어 칭찬을 받았는데, 버가모 교회는 밖의 공격은 이겨 냈는데 안의 문제는 감당하지 못해 썩은 냄새가 진동하고 있습니다.

오늘날 한국 교회의 상황이 어떻습니까? 예전에는 교회가 세상의 죄를 보고 걱정했는데, 20년 만에 고국으로 돌아와 보니 이제는 세상이 교회를 걱정해 주고 있습니다.

우리가 한 가지 착각하는 것이 있습니다. 세상의 타락을 보고 혀를 차면서 "말세다, 말세' 하는 것입니다. 그런데 여러분, 세상은 소돔과 고모라 때부터 지금까지 항상 타락해서 말세처럼 보였습니다. 그래서 세상에서 일어나는 죄를 보고 말세라고 말하면 안 됩니다. 세상은 늘 그래 왔습니다. 그렇기에 말세의 징조는 바로 교회 안에서 알 수 있습니다.

교회가 타락하고, 교회가 세상보다 더 죄를 짓고, 교회가 세상 사람도 안 하는 일을 버젓이 행할 때 말세가 가까웠음을 알 수 있습니다. 쉽게 말하면 세상이 동성애법을 찬성했다고 해서 말세가 온 것이 아닙니다. 세상이 동성애법을 찬성한다 해서 이상할 것이 없습니다. 세상에는 그것이 죄다 아니다 원래 정한 규범이 없습니다. 따라서 언제든지 반대했다가도 문화에 따라 시대에 따라 찬성할 수 있습니다. 원래 세상은 그렇습니다. 정치에 도움이 되면 찬성하고, 사업에 도움이 되면 친동성애 기업이 되는 것은 당연합니다. 그러다가 정치에 불리하면 반대하고, 사업에 손해가 오면 금방 돌아설 것입니다. 따라서 세상이 이 문제를 어떻게 다루느냐를 보고 말세 운운할 수는 없습니다.

그러나 세상이 아닌 교회 안에서 그런 일이 일어난다면 문제는 완전히 다릅니다. 하나님의 진리의 말씀이 이것을 금하고 있기 때문입니다. 동성애자가 교회에 오는 것은 얼마든지 환영할 일이고, 그들을 하나님의 말씀으로 권면하여 그 문제를 이겨 낼 수 있도록 사랑과 배려와 도움으로 함께해야 합니다. 사람을 변화시켜 죄에서 멀어지게 하는 것, 그게 교회의 역할입니다.

　동성애가 거짓말하는 죄보다 더 심한 죄인가요? 아닙니다. 죄는 모두 죄일 뿐입니다. 그런데 왜 교회에서 동성애를 큰 죄로 취급하는 줄 아십니까? 교회도 다른 죄들에 대해서 죄라고 모두 인정을 합니다. 교회 안에서 거짓말하면 안 된다는 것은 모두 압니다. 도둑질하면 안 되고, 살인하면 안 됩니다. 도둑질이나 살인은 시대가 바뀐다고 해서 죄가 아니라고 아무도 말하지 않습니다. 그런데 동성애의 문제만은 더 이상 죄가 아니라고 우기기 때문에 싸우는 겁니다. 기독교가 동성애자들이나 동성애만을 유난히 미워한다고 말하면 안 됩니다.

　동성애만이 아닙니다. 성경에서 살인이 죄라고 하는데 누군가 죄가 아니라고 한다면 그 죄와도 싸워야 하고, 거짓말이 죄인데 죄가 아니라고 하면 그 죄와도 싸워야 합니다. 그런데 교회들이 점점 동성애를 죄로 접근하지 않고 인권으로 접근해서 받아들이려 합니다. 그래서 싸워 나가는 것입니다.

　현재 미국 장로교회에서는 동성애를 합법적으로 받아들일 뿐 아니라 동성애자에게 목사 안수까지 주고 있습니다. 미연합감리교회도 이번 총회 때 통과할 뻔하다가 근소한 차이로 부결되었는데, 얼마 지나지 않아 통과될 것으로 보입니다. 미남침례회는 이 부분을 아주 강하게 반대하고 있습니다.

　세상에서 간음법이 폐지되고 도박이 합법화되고 마리화나가 편의점에서 팔리게 되었다고 해서 세상에 종말이 온 것이 아닙니다. 세상은 원래 그랬습니다. 문제는 그런 일들이 교회 안에서 통과되어 공식적으로 행음이 묵과되고, 구역모임 시간에 기도 대신 화투놀이를 하고, 청년회 모임에서 마리화나를 피워 댄다는 것입니다. 그런 일들이 교회 안에서 당연하게 받아들여지는 문화가 될 때 그때 종말이 가까이 왔음을 알 수 있습니다. 술 마시는 사람이 교회 오는 것이야 두 팔 벌려 환영할 일이지만 교회가 술 마시는 것을 인정하는 것은 안 됩니다.

교회가 무엇입니까? 죄인이 와서 변화 받아 옛 사람을 벗어버리고 새 사람이 되는 변화의 공동체입니다. 교회 공동체는 그 사람이 그 일을 할 수 있도록 적극적으로 도와야 합니다. 교회는 세상 사람이 와서 그리스도의 사람으로 옷을 갈아입는 곳입니다.

교회에 술 마시는 사람이 와도 되나요? 예배 전에 담배 한 대 피우고 들어와서 담배 냄새 풍기면서 예배드려도 되나요? 당연히 됩니다. 교회는 예수님이 필요한 사람이라면 누구나 올 수 있습니다. 술 좋아하고 담배 좋아하는 사람이 교회에 와서 술 냄새 담배 냄새 풍기면서 예배드릴 수 있습니다. 그때 옆에 앉은 사람이 이상한 눈으로 그 사람을 쳐다보고 수군거리면 그 교회는 건강한 교회가 아닙니다. 교회는 그런 분을 두 팔 벌려 환영해야 합니다. 교회는 그 사람이 얼마 지나지 않아 은혜를 받고 스스로 바뀌는 곳입니다. 그래야 능력 있는 교회입니다.

교회는 예수님을 모르던 사람에게 성령의 불이 들어오고 담뱃불이 나가는 곳이고, 주님이 들어오시고 술 주(酒) 자의 주님이 나가는 곳입니다. 교회는 사람을 변화시키는 변화의 공동체입니다. 죄를 짓는 사람이 교회에 왔는데 십 년을 다녀도 편안함을 느낀다면 그 교회는 문제가 있습니다. 죄인이 죄를 가지고 교회야 언제든지 올 수 있지만 죄가 교회 안에 들어와서는 불편함을 느껴야 합니다. 죄를 가지고 교회 안에 들어왔는데 편안함이 느껴진다면 그 교회는 타락한 교회입니다. 교회는 죄를 가진 사람이 편하게 교회를 왔다가 가지고 있는 죄가 불편해서 견딜 수가 없어서 그 죄의 짐을 마침내 벗어버리고 하나님의 자녀로 의롭게 되는 곳이어야 합니다.

따라서 교회는 교회 밖에 있는 죄와 싸우기 전에 교회 안에 들어온 죄와 싸워서 먼저 이겨야 합니다. 교회 밖의 사람들이야 몰라서 죄를 짓지만 교회 안에 들어온 죄는 반드시 이기고 벗어나고 몰아내야 합니다. 그게 교회가 교회다워지는 것입니다. 이런 문제에 빠진 버가모 교회에게 예수님이 마지막으로 기회를 주십니다.

> "그러므로 회개하라 그리하지 아니하면 내가 네게 속히 가서 내 입의 검으로 그들과 싸우리라" (계 2:16).

버가모 교회의 문제를 다시 보세요. 얼마나 어이가 없습니까? 외부의 공격에는 생명을 걸고 교회를 지켜 놓고 내부 문제로 다 허물어지게 생겼습니다. 교회 밖에 있는 사자의 공격을 이겨 냈다고 방심하면 교회 안의 작은 여우에게 쑥대밭이 됩니다. 사람은 바위에 걸려 넘어지지 않고 작은 돌부리에 걸려 넘어집니다. 바윗돌 피했다고 방심하다가 작은 돌부리에 넘어져 이빨이 깨지고 이마가 깨집니다. 로마의 공격을 이겨 냈으니 교회 안에서는 문제없다고 방심하면 안 됩니다.

목회를 하면서 많은 분들이 시험에 넘어지는 것을 보았는데 큰 시험에 무너지는 사람은 잘 못 봤습니다. 회사가 부도가 났다고 신앙을 떠나거나, 몸에 암이 생겼다고 믿음을 떠나는 경우는 없었습니다. 큰 시험은 잘 이겨 내는데 작은 시험에는 너무 쉽게 넘어집니다. 그래서 큰 시험보다 작은 시험이 더 무섭습니다.

세미한 교회의 부흥을 위해 40일간 금식하신 여 권사님이 있었습니다. 제가 먹고 하라고 해도 끝까지 40일 금식을 마치는 대단한 분이었습니다. 금식 마지막 날에 주님께서 우리 교회에 성도들이 발 디딜 틈 없이 꽉 차는 환상을 보여 주셨다면서 그렇게 40일을 성공적으로 마쳤습니다. 그런데 그분이 2년 후 주보에 남편 이름이 빠졌다고 교회를 떠났습니다. 이해할 수 없었지만 그분들은 좋은 분들이었습니다. 그분들을 보면서 너무 안타까웠던 것은 40일 금식의 큰 바위는 이겨 냈는데 주보에 이름이 빠진 작은 돌멩이에 넘어져 교회를 떠나고 시험에 빠졌다는 사실입니다. 사람은 바위에 넘어지지 않고 돌멩이에 넘어지는 것을 늘 기억하셔야 합니다.

또 한 분은 연세가 꽤 높은 권사님인데, 다섯 딸 모두가 목회자 사모가 되었습니다. 식당을 운영하다가 사업이 완전히 망했는데도 그 모진 시련을 믿음으로 이겨 내고, 시험 중에 물질의 시험이 제일 쉬운 시험이라면서 장군처럼 일어나셨습니다. 하루는 어느 여 집사님이 죽으면 죽으리라는 마음으로 교회에 백김치를 가져왔습니다. 당시 세미한 교회는 미국 교회를 빌려 사용하던 시절이어서, 김치 냄새를 풍기면 역겹다는 비난을 감수해야 했습니다. 그래서 모든 성도들이 상당히 조심하고 있던 차에 그 집사님이 김치를 가져오는 바람에 시험이 들어서, 노 권사님은 교회를 떠나고 말았습니다. 딸 다섯을 다 목회자 사모로 키우고, 사업이 망해도 믿음으로 분연히 일어섰던 그 권사님의 행보에 마음이 많이 아팠습니다.

이처럼 사람들은 바위를 조심할 게 아니라 돌멩이를 조심해야 합니다. 버가모 교회가 밖으로 로마의 무서운 핍박에도 목숨을 걸고 교회를 지켜 놓고도 안으로 일어난 작은 문제들을 해결하지 못해 예수님의 심판의 칼 아래 놓였던 것입니다.

진짜 조심하고 무서워해야 하는 것은 밖에 있지 않고 우리 안에 있습니다. 핍박보다 무서운 것이 내 안에 있는 교만이고, 환난보다 무서운 것이 내 안에 있는 음란이고, 핵 문제보다 더 심각한 것이 하나님을 잊어버리고 살아가는 내 마음입니다.

밖으로는 세상에 둘도 없는 거룩한 성도요, 집사요, 교사요, 권사요, 장로요, 목사인데, 그 속은 죄로 가득하고, 시험에 들어 있고, 교만하고 음란하다면 하나님은 그 사람을 버리실 것입니다. 교회에 와서는 둘도 없이 거룩한 가정으로 보이는데, 집에 가서는 집안에 예수 믿는 냄새가 하나도 나지 않는 삶을 산다면 그 사람은 밖에서 성공하고 안에서 실패해버린 인생입니다.

2019년 3월, 봄방학을 맞아 아빠의 취임 감사예배에 참석하기 위해 제 딸이 한국에 왔었습니다. 방학이 짧아 금세 미국에 돌아간 딸은 다음 날 저희 부부에게 긴 문자 한 통을 보냈습니다. 딸의 메시지에 정말 신선한 충격을 받았는데, 그 문자를 계기로 저희 부부는 그동안의 삶을 돌아보게 되었습니다. 그리고 이런 딸을 주신 하나님께 감사를 드렸습니다. 딸의 편지는 다음과 같습니다.

"비록 일주일이지만 저는 한국에서 아빠가 미국에서 설교하시던 모습과 변함없이 그대로 설교하시는 것을 보았어요. 한국에서 일주일 살아 보니 재미있는 것도 많고, 할 일도, 먹을 것도 많아서 하나님을 보면서 산다는 것이 얼마나 어려운지 알게 되었어요.

하지만 저는 우리 가족 모두가 늘 기억했으면 하는 게 있는데, 우리가 어디서 출발했는지를 늘 기억하는 것이에요. 그리고 우리가 지금 주님께 의지하고 있는 이유가 단지 우리가 헤어져 있기 때문에 그런 것이 아니길 바라요. 우리는 단지 하나님이 우리의 하나님이기 때문에 의지해야 하고 앞으로의 인생길도 모르기 때문에 의지해야 하는 것을 늘 기억하길 바라요.

엄마 아빠도 사역을 하시면서 늘 그 사역이 하나님을 위한 것이지 개인의 인기를 얻기 위한 것이 아님을 늘 기억하시기를 바라요. 제가 지금 너무 기쁜 것은 엄마 아빠가 여전히 하나님을 위해서 사역을 하고 있는 것을 확인하고 왔다는 것이에요. 하지만 앞으로도 두 분이 외모나 돈이나 인기에 사로잡힌 분이 되지 않기를 바라요. 물론 우리 가족의 믿음이 이런 것들보다 더 강하다는 것을 잘 알아요.

하지만 제가 그곳에서 일주일을 살아 보니 한국이 하나님을 얼마나 쉽게 잊어버리고 살 수 있는 환경인지를 미국에 도착하고 보니 알게 되었어요. 그래서 저는 지금도 우리 가족 모두가 하나님만 사랑하고 우리에게 주신 많은 복들이 하나님이 허락하신 것임을 잊지 말고 하나님을 더욱더 사랑하기를 바라요."

아내와 저는 이 편지를 함께 읽는 가운데 주님의 음성을 들었습니다. 변하지 말라는 주님의 음성! 미국에서나 한국에서나 주의 종의 자세를 잃지 말고, 대형 교회 목사 흉내나 내는 그런 사람이 되지 말고 늘 주님의 종임을 기억하라는 주님의 음성을 딸의 편지를 통해 들었습니다.

또 한 가지는, 목회라는 큰일은 잘 감당한다고 칭찬받는 최병락 목사가, 가정은 엉망이 되어 밖의 일은 승리하고 집안일은 실패하는 삶이 아닌 것 같아 너무 감사했습니다. 딸과 아들은 세상에서 엄마 아빠를 가장 존경한다고 말합니다. 십만 명 교회를 목회하는 목사가 되는 것보다 더 큰 영광이라 생각합니다.

딸의 편지로 여러분에게 도전해 봅니다. 여러분의 겉사람과 속사람은 모두 건강하십니까? 늘 겉사람과 속사람이 함께 강건하여 밖의 큰 시험도 이기고 안의 시험도 이기는 굳건한 믿음의 성도님들이 되시기를 바랍니다.

5
두아디라 교회

5
두아디라 교회

요한계시록 2장 18-29절

　　두아디라 교회는 일곱 교회 중에서 가장 작은 교회인데도 모든 편지 중에서 가장 길게 작성되었습니다. 가장 약한 교회에 보내는 가장 긴 편지. 이 사실 하나만으로도 언제나 약한 자를 향해 더욱 풍성한 은혜를 베풀어 주시는 예수님의 마음을 잘 읽을 수 있습니다.

　　두아디라 교회는 칭찬도 받고 책망도 받았는데 다행히 책망보다 칭찬이 더 많았습니다. 그래서 평균 이상의 교회라고 해도 될 듯합니다. 우선 두아디라 교회 앞에 예수님은 또 어떤 모습으로 등장하고 계시는지 살펴보겠습니다.

> "두아디라 교회의 사자에게 편지하라 그 눈이 불꽃 같고 그 발이 빛난 주석과 같은 하나님의 아들이 이르시되" (계 2:18).

예수님께서 불꽃같은 눈을 하고 나타나셨습니다. 한국말로 하면 눈에 불을 켜고 등장하셨습니다. 아마 두아디라 교회의 문제와 칭찬은 자세히 살펴봐야 보이나 봅니다. 그렇게 해서 발견하신 책망거리와 칭찬거리를 살펴보도록 하겠습니다.

매도 먼저 맞는 게 낫다고 두아디라 교회를 향해 예수님께서 책망하신 내용을 먼저 살펴보겠습니다. 두아디라 교회의 책망거리는 육체적 간음이 아닌 영적 간음, 영적 외도였습니다. 두아디라 교회 안에 이세벨이 들어온 후로 성도들은 그 여인을 예수님보다 더 따르고 섬겼습니다. 이것이 바로 영적 간음인데, 어찌된 일일까요?

> "그러나 네게 책망할 일이 있노라 자칭 선지자
> 라 하는 여자 이세벨을 네가 용납함이니 그가
> 내 종들을 가르쳐 꾀어 행음하게 하고 우상의
> 제물을 먹게 하는도다"(계 2:20).

이세벨은 이방 여인으로서, 북이스라엘 7대왕 아합의 아내이자 시돈왕의 공주였습니다. 이세벨은 이스라엘에 바알신과 온갖 우상의 신상들을 들여와서 이스라엘 사람들로 하여금 신상 앞에 절하게 했습니다. 이세벨은 이스라엘 백성 전체가 하나님을 버리고 바알을 섬기게 하는 영적 외도를 저질렀던 사람입니다.

두아디라 교회 안에 한 여성이 새가족으로 왔는데, 이름이 이세벨입니다. 물론 진짜 이름이 이세벨이 아니라 이세벨 여왕 같은 역할을 했다는 의미입니다. 요한계시록 2장 20절 표현에 의하면 자칭 선지자라 하는 여자 이세벨이 교회에 들어왔는데 교회가 그 여인 앞에 꼼짝 못하는 모습이, 책망 받을 일이라는 것입니다.

두아디라 지역은 전통적으로 염색과 방직, 옷감 장사 등의 사업이 가장 발달한 도시였습니다. 이곳 출신 중에 유명한 여성 사업가가 바로 빌립보 교회의 일등 일꾼인 자주 장사 루디아입니다. 두아디라 지역에서는 옷감, 염색 등이 주요 사업으로 번성했기 때문에 남자보다 여자들이 사업에 더 깊이 관여했고, 여자들 중에 큰돈 만지는 사업가들이 많았던 것입니다. 다시 말해 여인들이 상권을 주도하고 있었습니다.

여성 사업가 중심으로 상업조합과 길드가 조직되어 있었는데, 조직에 들어가지 않고는 어떤 무역이나 사업도 할 수 없었습니다. 두아디라 지역에서 먹고살려면 길드에 가입해야 했습니다. 그런데 이 조합에 가입하면 필연적으로 우상에게 절하는 우상 숭배를 해야 했는데, 우상에게 예배하는 예전의 방식은 성적 행위를 동반하는 것이었습니다.

어느 날, 이런 여성 사업가 중에 유력한 한 여인이 두아디라 교회의 교인이 되었습니다. 조합장이라고 할까요? 그녀는 교회에 등록하자마자 상당한 영향력을 행사했습니다. 어떻게 오자마자 그런 영향력을 발휘할 수 있었을까요? 아마도 그 교회를 다니는 성도들과 이 여인이 사업적인 관계로 연결되어 있었던 듯합니다. 다시 말해 큰손인 이 여인에게 잘못 보였다가는 자기들의 생업이 끊어질 위험이 있어서 이 여인에게 절대 충성을 했던 것입니다.

자연스럽게 성도들은 예수님보다 이 여인을 섬기는 일에 더 앞장섰고, 예수님의 가르침보다 이 여인의 가르침을 더 받기 원했고, 예수님 앞에 줄 서기보다 이 여인 앞에 앞 다투어 줄을 섰습니다. 신랑 예수님을 버리고 이세벨을 따르는 영적 외도가 일어났던 것입니다. 예수님은 이들을 반드시 심판하겠다고 하십니다.

> "볼지어다 내가 그를 침상에 던질 터이요 또 그와 더불어 간음하는 자들도 만일 그의 행위를 회개하지 아니하면 큰 환난 가운데에 던지고 또 내가 사망으로 그의 자녀를 죽이리니 모든 교회가 나는 사람의 뜻과 마음을 살피는 자인 줄 알지라 내가 너희 각 사람의 행위대로 갚아 주리라" (계 2:22-23).

예수님께서 이세벨을 침상에 던지겠다 하셨습니다. 여기서 침상(클리넨)은 환자들이 눕는 병상을 말하는 것으로, 이세벨이 병들어 죽게 하시겠다는 뜻입니다. 또한 이세벨의 활동을 도와주는 협력자들은 요한계시록 2장 22절에 보니 큰 환난에 던지겠다고 하십니다. 아무것도 모르고 이세벨과 협력자들을 따르던 자들도 23절에 죽이겠다고 하십니다.

결국 이세벨도 병상에 던져져 시름시름 앓다가 죽을 것이고, 주동자들은 심판에 던져져 죽게 되고, 아무것도 모르고 멍청하게 그들을 따르던 자들도 사망에 던져 죽이겠다고 말씀하십니다. 이것이 두아디라 교회에 내려진 긍휼 없는 심판의 내용입니다.

두아디라 교회의 이런 모습을 보고 우리는 항상 깨어 있어야 합니다. 절대로 우리가 이세벨이 되지도 말고, 이세벨과 함께 서 있지도 말고, 분별력이 없어서 어리벙벙하다가 줄 잘못 서서 따라가지도 말고, 오직 신랑 되신 예수님만 따르는 우리 교회가 되기를 바랍니다.

다음으로 두아디라 교회를 향한 칭찬을 살펴보겠습니다.

첫 번째로 주님께서는 이세벨의 일에 동참하지 않은 것을 칭찬하십니다.

이세벨의 유혹에 넘어가 심판을 받은 사람도 있지만, 그렇지 않은 사람들도 있었습니다. 더 많은 사람들이 이세벨의 유혹과 핍박에도 불구하고 자신의 사업이 망하고 밥줄이 끊기고 앞길이 막힐지라도 '오직 나는 주만 섬기리'라고 고백하며 두아디라 교회를 지켰습니다.

> "두아디라에 남아 있어 이 교훈을 받지 아니하고 소위 사단의 깊은 것을 알지 못하는 너희에게 말하노니 다른 짐으로 너희에게 지울 것이 없노라"(계 2:24).

여기에서 '사단의 깊은 것을 알지 못하는 너희'라는 멋진 구절에 주목해 봅니다. 모두가 살기 위해 이세벨에게 줄 서고, 잘 보이기 위해 제일 앞줄에 서서 그 길을 따를 때, 이세벨의 가르침에 귀를 막고 눈을 가리고 스스로 바보가 된 사람들이 있습니다. 스스로 악한 일에 바보가 되어 악한 일을 도모하지 않고 귀를 막고 묵묵히 자기의 길을 걸어갔던 그 사람들을, 본문에서는 '소위 사단의 깊은 것을 알지 못하는 너희'라고 칭찬하고 있습니다. 이런 사람들을 주님이 칭찬하고 계십니다. 이런 사람을 로마서 16장 19절 후반절은 이렇게 표현합니다.

> "…너희가 선한 데 지혜롭고 악한 데 미련하기를 원하노라"(롬 16:19b).

선한 데는 지혜롭고 악한 데는 미련하시기 바랍니다. 죄를 짓고 싶어도 몰라서 못 짓는 복을 받으시기 바랍니다. 나쁜 일에는 머리를 아무리 굴려도 안 굴러가시기를 바랍니다.

두 번째로 처음 행위보다 나중 행위가 많은 사람들로 주님께서 칭찬하셨습니다.

> "내가 네 사업과 사랑과 믿음과 섬김과 인내를
> 아노니 네 나중 행위가 처음 것보다 많도다"
>
> (계 2:19).

교회에는 세 종류의 일꾼이 있습니다. 처음에 반짝 엄청나게 열심히 하고 그것을 평생 우려 먹는 사람이 있습니다. 또 처음부터 미지근하게 시작해서 죽을 때까지 미지근한 사람이 있습니다. 그리고 처음에는 미약하게 시작했지만 나중 믿음이 처음 믿음보다 훨씬 좋아지는 사람이 있습니다.

오늘 두아디라 교회 성도들은 세 번째에 속합니다. 너희의 나중 행위가 처음 행위보다 많다고 칭찬하셨습니다.

그런데 본문 19절에 보면, 이들이 한두 가지 정도가 아니라 다양한 분야에서 고르게 이전보다 나중이 더 나아진 것을 알 수 있습니다. 네 사업도, 네 사랑도, 믿음도, 섬김도, 인내도 모두 옛날보다 오늘이 훨씬 나아졌습니다. 칭찬받을 만한 일을 하나하나 살펴보겠습니다.

먼저 네 사업이 처음 행위보다 나중 행위가 더 많아졌다고 말씀하십니다. 조금 전 교회 안에 이세벨의 이야기를 이해하고 난 뒤에 예수님의 칭찬을 다시 보면 두아디라 교회가 참으로 대단합니다. 칭찬받은 사람들은 세상의 성공을 포기하고, 이세벨과 손을 잡는 것을 포기하고, 자기들이 하는 사업이 망해도 할 수 없다, 나는 굶어 죽어도 예수님을 따르겠다고 각오한 사람들입니다.

그러기에 이들의 사업은 필연적으로 이전보다 더 어려워졌을 것입니다. 이세벨을 따르지 않고 주를 따랐더니 주님께서 열 배로 복을 더 주셨다는 스토리가 아닙니다. 이세벨의 손을 뿌리치고 주님을 따르는 것 때문에 틀림없이 이들은 더 형편이 어려워졌을 것입니다. 의를 위해 핍박을 받는 자는 손해를 보게 되어 있습니다. 틀림없이 이세벨을 따르지 않는 것 때문에 수입도 줄고 사업도 어려워지고 거래처도 틀림없이 줄줄이 끊겼을 텐데, 그렇다고 해서 이 사람들이 주님의 일이나 헌금을 줄이지 않았다는 것이 대단히 놀라운 일입니다.

힘들면 나 자신에게 인색해졌지 주님께 인색하지 않았습니다. 어려워지면 내 차부터 작은 것으로 바꾸었지 헌금 액수부터 줄이지 않았다는 말입니다. 형편이 안 좋으면 아파트 평수를 줄였지 섬김의 지경을 좁히지 않았다는 겁니다.

오히려 그 반대의 일이 일어났습니다. 줄이지 않은 차원이 아니라 오히려 늘어났습니다. 성경은 어려움 중에도 이들의 나중 행위가 오히려 처음보다 많아졌다고 주님이 칭찬하고 계십니다. 어려울수록 더 충성하고 힘들수록 더 드리는데, 어떻게 주님이 그들을 잊어버리겠습니까?

　　호수의 깊이는 홍수 때가 아니라 가뭄 때 안다고 했습니다. 가뭄이 와서 호수에 물이 다 빠져 봐야 얼마나 호수가 깊은지 아는 것처럼, 어려울 때 보이는 믿음이 진짜 믿음입니다. 잘나갈 때는 믿음을 알 수 없습니다. 고난이 닥쳤을 때 믿음의 깊이를 알게 되는 것입니다.

　　두아디라 교회는 사업만이 아닙니다. 섬김도 이전보다 나중이 낫다고 했습니다. 여러분의 섬김은 이전 것이 많습니까, 지금 것이 많습니까? 혹시 10년 전 충성으로 지금까지 버티고 있는 것은 아닙니까? 오늘 충성하는 사람은 현재를 간증하느라 과거를 이야기할 시간이 없습니다. 여러분은 과거의 섬김을 자랑하고 사십니까, 오늘 섬김을 자랑하며 사십니까?

　　두아디라 교회는 사랑도 예전보다 커졌다고 칭찬하십니다. 주님이 물으십니다. "누구야, 네 사랑의 크기와 범위가 옛날에 비해 얼마나 자랐느냐?" "옛날에는 너를 좋아하는 사람만 좋아하더니, 이제는 너를 좋아하지 않는 사람에게도 손 내밀 정도로 사랑이 깊어졌느냐?" 하고 묻고 계십니다.

　　두아디라 교회는 믿음도 더 좋아졌다고 합니다. 여러분의 믿음은 예전보다 많이 자랐습니까? 옛날에는 모래알도 삼키지 못하고 오는 족족 시험을 당하더니, 이제 자갈과 바위도 소화시키는 믿음으로 점점 나아지고 있냐고 묻고 계십니다. 한 번

믿었다고 그 믿음을 방치하지 마십시오. 믿음은 생명이기 때문에 반드시 자라게 되어 있어서 예전보다 지금 믿음이 좋아져야 합니다. 10년째 제자리걸음이라면, 그 믿음은 자라지 않는 것이 아니라 죽은 상태입니다.

두아디라 교회는 섬김도 칭찬을 받았습니다. 주님이 물으십니다. "누구야, 너희 섬김은 예전보다 늘었느냐? 아니면 30년째 똑같으냐? 허리둘레만 늘어날 게 아니라 섬김의 지경도 넓어져야 하지 않겠느냐? 섬김을 받는 데만 익숙하지 말고 이제는 섬기는 데 더 힘을 내야 하지 않겠느냐?"

인내는 어떠하냐고 물으십니다. "누구야, 이제 인내가 좀 생겼느냐? 성질은 좀 죽었고? 예전에는 교회일 하다가 조금만 맘에 안 들면 화부터 내더니, 이제는 좀 오래 인내하느냐? 아직도 기도할 때, '주여 제게 인내를 주십시오. 지금 당장 주십시오' 하고 기도하느냐?"

여러분, 언제 인내라는 말을 쓰는 줄 아세요? 내가 참을 수 있을 때까지 참는 것은 인내가 아닙니다. 인내는 도무지 못 참을 때 한 번 더 참는 것, 그것을 인내라고 합니다. 내 성격이 한계점에 도달해서 폭발하려고 하는데, 그때 한 번 더 주님의 이름을 부르면서 참는 것, 그것을 인내라고 부릅니다. 주의 일을 하다가 못 참을 일을 만난다면 거기서 한 번만 더 참으세요. 큰 간증이 생길 것입니다.

주님께서는 두아디라 교회 성도들의 나중 행위가 처음보

다 더 많은 것을 보고 기뻐하시면서 칭찬하시는데, 이런 성도들을 향해 이렇게 응원하십니다.

> "다만 너희에게 있는 것을 내가 올 때까지 굳게 잡으라 이기는 자와 끝까지 내 일을 지키는 그에게 만국을 다스리는 권세를 주리니"
> (계 2:25-26).

두아디라 성도들에게 예수님이 다시 올 때까지 믿음을 굳게 잡고 '이겨라, 지켜라' 하고 당부하십니다. 본문 26절에 다른 것을 다 포기하고 빼앗기고 잃어버렸지만 절대로 예수님을 믿는 믿음을 잃어버리지 않고 붙잡고 견딘 성도들에게 주시는 축복을 이렇게 설명하십니다.

> "이기는 자와 끝까지 내 일을 지키는 그에게 만국을 다스리는 권세를 주리니" (계 2:26).

여기에 놀라운 반전이 있습니다. 갑자기 한순간에 인생의 반전이 일어나는데 어떤 반전이 일어납니까? 손에 있는 것을 지키기 위해 예수님을 놓아버리고 이세벨을 쫓아갔던 사람은 모두 심판받아 죽는데, 예수님을 붙잡기 위해 손에 있는 모든 것을 포기한 사람에게는 천하만국을 손에 쥐어주겠다고 말씀하십니다. 처음에는 손에 있는 것을 놓치지 않은 그 사람이 다 가진 승리자처럼 보이고, 예수 때문에 손에 있는 것을 포기한 사람이 다 잃은 실패한 사람처럼 보입니다. 하지만 예수님 한 분만 붙잡고 믿음을 지킨 자에게 어떤 일이 일어납니까? 이기는 그에게는 만국을 주시고 그것을 다스리는 권세를 주신다고 말씀하십니다.

결국 예수님을 붙잡은 사람은 잃어버린 게 하나도 없습니다. 버린 것보다 훨씬 많은 것을 얻게 됩니다. 이 신비를 아는 사람은 어려움 중에도 예수님을 붙잡지 다른 것에 의지하지 않습니다. 그래서 저는 '손에 있는 부귀보다' 이 찬양을 너무 좋아합니다.

"손에 있는 부귀보다 주를 더 사랑하는가
이슬 같은 목숨보다 주를 더 사랑하는가
사랑의 빛 잃어 가면 주님 만날 수 없어
헛된 영화 바라보며 사랑할 수도 없어
잠시 머물 이 세상은 헛된 것들뿐이니
주를 사랑하는 마음 금보다도 귀하다

언제 다시 주 오실지 아는 이가 있는가
신랑으로 오실 주님 맞을 준비 되었는가
기름 없는 등불 들면 주님 만날 수 없어
재림나팔 소리 나면 예비할 수도 없어

잠시 머물 이 세상 헛된 것들뿐이니
주를 맞을 준비함이 금보다도 귀하다."

두아디라 교회의 남은 성도들은 예수님을 포기할 수 없기에 울면서 손에 있는 것을 전부 내려놓았습니다. 예수님 한 분 붙잡고 산 것뿐인데, 두아디라 교회 성도들의 간절한 모습을 지켜보신 예수님은, 예수님 다시 오실 때 천하만국을 다스리는 권세를 주시는 것입니다. 그래서 예수 믿고 다 잃어버린 것 같지만 사실 잃어버린 것은 하나도 없습니다. 예수 믿고 많이 손해 본 것 같아도 돌이켜보면 하나도 손해 본 것이 없는 것입니다. 예수님 때문에 다 버린 것 같아도, 마지막 날 주님이 재림하실 때에는 내가 버린 것과는 비교할 수 없는 것을 되찾아주실 것입니다.

요한계시록 2장 28절에는 이렇게 말씀합니다.

"내가 또 그에게 새벽 별을 주리라" (계 2:28).

이기는 그에게는 '새벽 별'을 준다고 하십니다. 여기서 말씀하시는 새벽 별은 누구입니까? 요한계시록 22장 16절에 이 새벽 별은 "나 예수"라고 직접 말씀하십니다. 다시 풀어 쓰면, "이기는 그에게는 나를 주리라"는 말씀입니다.

예수님 한 분을 붙잡기 위해 모든 것을 포기한 사람에게,

예수님은 천하만국과 그 안에 있는 모든 것을 주시고 더 줄 것이 없나 찾으시다가 결국 자기 자신을 주기로 하십니다. 예수님에게 있는 어떤 무엇을 주시는 것이 아니라 예수님 자신을 주시는 사랑! 덜 사랑하면 내게 있는 것을 주지만 진짜 사랑하면 나의 전부를 주는 것인데, 예수님은 이기는 그들에게 예수님이 가진 몇 가지를 주시는 것이 아니라 예수님 자신을 주시겠다고 말씀하십니다.

도대체 우리가 예수님 한 분 붙잡고 사는 것 때문에 이렇게 많은 것을 얻어도 되는 것입니까? 예수님 자신을 주신다는 것이 얼마나 큰 선물인지 아십니까? 결국에는 알게 될 것입니다. 예수님이 예수님 자신을 주실 때, 예수님 안에는 예수님 때문에 포기했던 모든 것이 다 있다는 사실을 말입니다.

손에 있는 부귀보다 주님을 더 사랑하고, 세상의 모든 것을 다 잃어버릴지라도 그 이름 예수 한 분만 붙잡고 살아가는 사람에게 우리 주님은 잃어버린 것들과는 비교도 할 수 없게 넘치게 돌려주실 것입니다. 그리하여 결국 우리 입으로 틀림없이 이렇게 고백하게 될 것입니다.

"예수님만 붙잡고 살았는데 예수님 붙잡느라 놓아버린 그 모든 것이 결국에는 예수님 안에 다 있었습니다."

오늘도 예수님만 붙들고 승리하는 저와 여러분이 되시기를 바랍니다.

6
사데 교회

6
사데 교회

요한계시록 3장 1-6절

여러분, 정기 검진을 받기 위해 병원에 들렀는데 의사가 청진기를 대 보고는 정밀 검사를 해 보자고 합니다. 정밀 검사를 한 뒤에 검사 결과가 나왔는데 3개월 이상 살 수 없다는 시한부 판정을 받습니다. 갑자기 청천벽력 같은 진단을 받게 된 이 사람의 심정은 어떨까요? 온몸으로 암이 퍼져서 살 가능성이 1퍼센트밖에 없다면 이 사람은 산 사람일까요, 죽은 사람일까요? 아니면 살았다고 하나 실상은 죽은 사람이라고 해야 할까요?

지금 사데 교회의 형편이 시한부 판정을 받은 환자와 같습니다. 요한계시록 3장 1절 본문을 읽어 보겠습니다.

"사데 교회의 사자에게 편지하라 하나님의 일곱 영과 일곱 별을 가지신 이가 이르시되 내가 네 행위를 아노니 네가 살았다 하는 이름은 가졌으나 죽은 자로다"(계 3:1).

　가끔 너무나 충격적인 진단을 받으면, 환자와 그의 가족들은 의사의 말을 받아들이지 못합니다. 아침에 축구 경기도 두 게임이나 뛰고 왔는데, 이렇게 건강한 사람에게 무슨 소리냐, 오진이 아니냐고 항변합니다. 살았다는 이름만 있지 실제로는 죽은 교회라는 진단을 받은 사데 교회도 반응은 마찬가지였습니다. 사데 교회나 사데 교회를 아는 사람들은 아무도 이 진단을 인정하지 않았습니다. 당시 사데 지역은 전례 없이 번성하여 도시와 교회 모두 활력이 넘쳤기 때문입니다.

　사데 지역은 다섯 개의 무역로가 지나는 최고의 무역도시로서 상업의 요충지였습니다. 지형적으로 250미터 높이에 위치하고 있는데다 앞으로는 강이 흐르고 뒤로는 산을 끼고 있는 난공불락의 천연 요새여서, 어느 누구도 넘볼 수 없었습니다. 한때 아나톨리아라 불렸던 리디아 제국의 수도이기도 했던 이곳은, 수천 년간 여러 제국의 오랜 수도 역할을 감당해 왔습니다.

　BC 546년 페르시아 왕 고레스에게 함락되어 멸망한 적이 있었지만, 초대교회 시절인 AD 1세기 사데 지역은 옛날의 영광을 되찾고 찬란한 중흥기를 맞았습니다. '황금의 도시'라 불리며 연회와 오락, 쾌락이 지배하던 사데 지역의 영향을 받아 사데 교회 역시 날로 번창하고 있었습니다.

이처럼 사데 지역은 죽었다가 살아난 도시였습니다. 고레스 왕에게 패망했다가 다시 살아나 탄탄대로를 걷고 있는 때에, '살았다 하는 이름을 가졌으나 죽은 자'라는 진단을 어떻게 순순히 인정할 수 있었겠습니까? 멀쩡한 사람이 시한부 판정을 받고 의사의 멱살을 잡듯이, 한창 잘나가는 사데 교회에게 이제 완전히 죽은 교회나 다름없다고 선고했으니 어떻게 충격과 혼란에 빠지지 않을 수 있겠습니까? 시한부 판정이 내려진 사데 교회, 이제 어떻게 해야 할까요? 과연 다시 살아날 수 있을까요?

요한계시록에 나오는 일곱 교회에게 보내는 편지는 중간고사 통지표에 해당하지 기말고사 통지표는 아니라고 말씀드린 적이 있습니다. 중간고사에서 F 학점을 받았다고 기말고사까지 그러리라는 것은 아니니 이제라도 정신을 차리고 열심을 내어 최종점수에 합격을 받으라는 주님의 경고가 담긴 고마운 편지입니다. 이것을 우리가 알아야 합니다.

죽은 것이나 다름없는 사데 교회를 예수님은 포기하지 않으시고 다시 살리기 위해 친절하게 방법을 알려주십니다. 주님이 포기하시는 영혼은 어디에도 없습니다. 스스로 포기하는 사람은 있어도 주님이 포기하시는 영혼은 없습니다. 주님은 언제나 우리가 다시 일어날 기회를 주십니다. 아무리 죽게 되었어도, 주님은 사데 교회를 포기하지 않으시고 다시 살리기 원하셨으며 다시 살아날 방법도 알려주십니다.

지금부터 사데 교회 살리는 방법을 말씀드리겠습니다. 만약 지금 여러분의 영적 상태가 정확히 사데 교회와 같다고 생각되시면, 이 말씀을 잘 듣고 여러분의 영혼도 소생하시기를 바랍니다.

첫째, 죽게 된 부분을 찾아서 다시 살려 내는 것입니다. 요한계시록 3장 2절 상반절 말씀입니다.

> "너는 일깨어 그 남은 바 죽게 된 것을 굳건하게 하라"(계 3:2a).

2절에 '일깨어'는 영어로 'Wake up'이라는 단어이고 해석하면 '정신 차려'라는 명령어입니다. 풀어 쓰자면, 죽게 되었다고 포기하거나 좌절하지 말고, 너무 늦었다고 체념하지 말며, 정신을 바짝 차려서 다시 믿음을 회복하라는 명령입니다. 다시 정신을 일깨워서 아직 다 죽지 않은 나머지, 죽어 가고 있는 것을 다시 살려 내라는 것입니다. 여기서 '굳게 하라'는 '스테리손'은 '활력을 회복시키고 생기를 돌아오게 하라'는 뜻입니다.

믿음이 식어 살아 있는 것이 아니라 죽은 믿음처럼 시험에 든 사람들, 뜨거운 믿음을 다 잃어버리고 미지근한 믿음을 가지고 어렵사리 겨우 살아 있는 사람들, 살았다는 이름을 붙이기도 민망하게 죽은 믿음으로 겨우 산소호흡기에 기대어 사는 신앙인들이 있습니다.

아멘 하기도 귀찮아 입을 다물어 구취가 나는 성도들, 헌금 소리만 들려도 마음이 불편해지는 사람들, 죄라는 소리만 들려도 기분이 나빠지는 사람들…. 모두 죽어 가는 사람들입니다. 이처럼 살았다는 이름만 있지 실제로는 거의 죽은 것이나 다름없는 사데 교회 같은 성도들을 어떻게 살릴 수 있을까요?

오늘 본문에서 예수님은 일깨워 죽어 가는 것을 다시 살려 내야 한다고 말씀하십니다. 이미 죽은 것은 할 수 없지만, 아직 죽지는 않고 죽어 가는 것 중에 살아 있는 것이 있다면 그것은 죽이지 말고 다시 살려서 나머지 죽은 것도 그것 때문에 다시 살아나게 하라는 말씀입니다.

믿음의 사람들을 보면 믿는 데도 은사가 있고 특기가 있습니다. 그 가운데에서 그 사람을 살리시려고 하나님이 주시는 특징들을 발견할 수 있습니다.

아멘의 은사를 받은 사람을 한번 살펴봅시다. 세미한 교회에 '아멘 권사님'이 있었는데, 설교를 하면 본당이 떠나가게 아멘 소리를 하셨습니다. 그분의 아멘 소리에 탄력을 받아 설교말씀이 뜨거워지기도 했지만, 아멘 소리가 부담스러워서 교회에 못 오겠다고 하는 새가족들도 있었습니다. 설교 CD에 나오는 그분의 아멘 소리가 귀에 거슬린다고, 그 부분만 음원에서 삭제할 수 없냐는 문의가 오기도 했습니다. '아멘 권사님' 때문에 예배 때 옆자리에 앉지 못하는 분들도 있었는데, 그때마다 저는 성도들에게 이렇게 이야기했습니다.

첫째, 언젠가는 저 어르신의 아멘 소리가 그리워지는 날이 올 겁니다.

둘째, 저분의 아멘이 저 권사님의 집을 살려 내고 있습니다. 저분에게 아멘을 못 하게 하면 그것은 저분에게 죽으라고 하는 소리와 마찬가지입니다. 저분은 아멘 없이는 못 사는 인생입니다.

전도의 은사를 받은 분도 계십니다. 어떤 나이 드신 성도님은 비가 오나 눈이 오나 늘 전도지를 들고 밖으로 전도하러 나가셨습니다. 자식들이 "어머니, 이제는 제발 나가지 마세요. 평생 하실 만큼 하셨어요. 이 추운 겨울에 얼음판에서 쓰러지면 돌아가실 수도 있으니 이제 집에서 기도만 하세요" 하면서 효도한다고 극구 못 나가게 말렸습니다. 전도를 못 나가시니까 그만 그 순간부터 병을 얻어 돌아가시게 됐습니다.

하나님의 일은, 한다고 죽는 게 아니라 안 하면 죽게 되더군요. 하던 일은 끝까지 하게 해야 합니다. 아멘이 그분을 살렸고, 전도지가 그분을 살렸던 것입니다. 그 입에서 아멘이 죽으면 그 집안은 무너지고, 그 손에서 전도지가 떠나면 병을 얻어 집안에 어둠이 찾아오기도 합니다. 각 사람에게 주님은 그 사람을 살리는 은사를 주셨습니다.

유난히 찬송을 잘하고 찬송에 은혜를 받는 사람은 그 입술에서 찬송이 죽으면 안 됩니다. 오늘 말씀처럼 찬송이 사라진 성도에게 주님이 말씀하십니다.

"일어나라. 남은바 죽게 된 네 입술에 아직 조금 남아 있는 그 찬송을 다시 깨어나게 하라. 찬송이 나머지 죽어 가는 것을 살아나게 하라. 네게 주는 마지막 경고다."

그러면 그 사람은 다시 찬송을 시작합니다. 다시 시작하여 믿음이 회복되고 가정이 회복되면, 하나님이 그 사람을 다시 사용하실 것입니다.

"울고 있는 형제여, 왜 찬송을 잊었는가. 어둠 속의 찬송은 기적을 부른다오."

어떤 사람은 기도를 특징으로 가지고 있어서, 기도를 쉬면 안 됩니다. 기도를 쉬는 순간 죽어 갑니다. 그러나 다시 기도의 줄을 잡고 시작하면 죽어 가는 다른 것들이 기도 하나 때문에 다시 살아납니다. 기도가 죽어 가는 다른 것을 되살려 냅니다.

"너 기도를 멈추지 마라
내가 너의 그 모든 상황을 바로 역전시키리니
너 기도를 멈추지 마라
내가 잠시도 쉬지 않고 너를 지켜보고 있으니
바로 역전되리라."

어떤 분은 성경 필사로 크나큰 은혜를 받습니다. 그러다 언제부터인가 바쁘고 힘들고 피곤해서 성경을 쓰다가 덮어버린 후에 믿음이 식고 죽어 갑니다. 그 사람은 다시 공책을 펴야 합니다. 그때부터 다시 살아날 것입니다.

어떤 사람은 하나님과 약속하고 서원해 놓고, 그 약속과 서원을 묻어버린 사람이 있습니다. 그때부터 모든 일이 힘들어지고 믿음도 자라지 않고 교회 생활도 부담되고 신앙생활에 활력을 잃어버립니다. 다시 서원을 지키고 죽은 것을 살려 내면 믿음이 회복되고 활력도 찾을 수 있습니다.

사데 지역에 재물이 넘치고 교회에도 잘사는 성도들로 가득 찼는데 언제부터인가 사데 교회는 자신들의 은사를 주님을 위해 사용하지 않았던 것으로 보입니다. 그러다 보니 교회가 급속도로 죽어가게 된 것이겠지요.

이처럼 영적 사망 진단을 받은 사데 교회를 기사회생시키기 위해 주님이 주신 처방은 정신을 다시 일깨우는 것입니다. 너에게 아직 다 죽지 않고 남아 있는 정신을 다시 살려 내어 죽어버린 나머지도 살려 내라는 것입니다. 이 명령을 기억하고 여러분에게 죽어 가고 있는 여러분이 그렇게 사모했던 그것을 다시 살려 내시기 바랍니다.

광야를 도망 다니던 다윗의 이야기를 생각해 봅시다. 도망의 세월이 생각보다 길어지고, 살아도 산 목숨이 아닌 처량한 자기의 신세를 돌아보니 한심하기 짝이 없습니다. 광야에서 소리치며 살려 달라고 기도했지만 하나님은 들어주시지 않는 것 같습니다. 그렇게 한 해 두 해 지나고 십 년이 지나가던 어느 시점에 다윗도 인간인지라 자신의 제일 장기인 비파와 수금을 타면서 주님을 찬송하던 생활도 멈추었던 것 같습니다. 수금과 비파에는 거미줄이 쳐지고 입술은 말라비틀어져 찬송을 안 한 지 오래되었던 것 같습니다.

어느 날 굴속에 숨어 지내던 자신의 신세가 처량하다는 것을 깨닫습니다. 동굴 저 구석에 던져버린 수금과 비파는 곰팡이에 썩어 가고 찬송은 온데간데없고 나오는 건 한숨밖에 없던 어느 날, 문득 자신의 모습에 다윗 스스로 소스라치게 놀랍니다. 사울의 손에 죽기 전에 영혼부터 죽게 생긴 것을 알고 자신의 영혼을 다시 흔들어 깨우기로 작정합니다. 그때 부른 찬송이 무엇입니까? 시편 57편 7-8절입니다.

> "하나님이여 내 마음이 확정되었고 내 마음이 확정되었사오니 내가 노래하고 내가 찬송하리이다 내 영광아 깰지어다 비파야, 수금아, 깰지어다 내가 새벽을 깨우리로다" (시 57:7-8).

다윗은 죽어 가는 자신의 영혼을 흔들어 깨웁니다. 거미줄과 곰팡이가 낀 수금과 비파를 구석에서 집어 들고 깨끗이 닦습니다. 고이 품에 안고 다시 하나님을 찬송하기 시작합니다. 어두운 동굴 안에서 아직도 캄캄한 어둠을 향해 외칩니다. "어둠아, 물러가라. 내가 새벽이 오게 하리라…" 오늘 사데 교회에게 너희 죽어 가는 것을 일깨우라는 주님의 명령이 바로 이것입니다.

여러분은 지금 무엇이 죽어 가고 있습니까? 죽어 가는 모든 것을 다시 흔들어 깨우시기를 바랍니다. 여러분의 입에 찬송이 회복되고, 기도의 무릎이 회복되길 바랍니다. 하나님 앞에 멈추었던 십일조가 다시 시작되고, 멈추었던 전도지를 들고 다시 거리로 나서길 권면합니다. 말씀을 들을 때마다 외쳤던 아멘이 회복될 때, 죽어 가던 모든 것이 다시 회복되리라 믿습니다.

두 번째 주님이 주신 사데 교회를 살리는 처방은, 은혜를 받고 말씀을 즐겨 듣던 믿음의 전성기로 돌아가라는 것입니다. 요한계시록 3장 3절 말씀입니다.

> "그러므로 네가 어떻게 받았으며 어떻게 들었는지 생각하고 지켜 회개하라 만일 일깨지 아니하면 내가 도둑 같이 이르리니 어느 때에 네게 이를는지 네가 알지 못하리라" (계 3:3).

사데 교회의 문제는 뜨겁게 받았던 은혜를 잊어버렸고, 꿀송이보다 달게 듣던 말씀에 귀를 닫아버린 것입니다. 3절에서 주님은 너희가 어떻게 은혜를 받았는지, 어떻게 말씀을 들었는지 생각하고 다시 그 마음을 지키라고 명령하십니다. 만일 그때 그 마음으로 돌아가지 않고 지금의 모습을 회개하지 않으면, 내가 도적같이 와서 너희를 심판하리라고 엄중하게 책망하십니다.

저마다 신앙생활을 하면서 은혜를 가장 많이 받았던 시간이 있을 것입니다. 그 마음을 절대로 잊어버리면 안 됩니다. 처음 우리 교회에 와서 눈물 흘리며 예배했던 그 감격을 절대 잊지 말고 평생 간직하길 바랍니다. 믿음이 식다가도 그때를 떠올리고 '내가 이곳에서 어떤 은혜를 받았는데' 하면서 다시 믿음을 찾아와야 합니다. '아멘 아멘' 하며 들었던 은혜로운 설교 말씀이 언제부터인가 귀가 막혀 들리지 않는다면, 말씀이 들렸던 순간으로 되돌아가야 합니다. 사데 교회를 살리기 위해 주신 본문 말씀을 다시 봅니다. "그러므로 네가 어떻게 받았으며 어떻게 들었는지 생각하고 지키어 회개하라."

이스라엘을 살리기 위해 하나님께서 호세아에게 명령하신 긴급 처방이 무엇입니까?

> "오라 우리가 여호와께로 돌아가자 여호와께서 우리를 찢으셨으나 도로 낫게 하실 것이요 우리를 치셨으나 싸매어 주실 것임이라 여호와께서 이틀 후에 우리를 살리시며 셋째 날에 우리를 일으키시리니 우리가 그의 앞에서 살리

라"(호 6:1-2).

　　우리가 은혜의 자리로 돌아가고, 여호와께로 돌아가면 살 것입니다. 여러분이 그렇게 뜨겁게 은혜 받았던 그때 그 마음으로 돌아간다면 여호와께서 그 영혼을 살려 주실 것입니다.
　　주님은 사데 교회를 포기하지 않으셨습니다. 세상 사람들은 모두 다 사데 교회가 죽었다고 했지만, 주님은 다 죽은 그들에게서 아직 죽지 않은 것을 찾아내시고 그곳에 생기를 불어넣어 다시 살 수 있게 해 주셨습니다.
　　우리 교회 권속들 중에 한 분도 믿음이 죽어 가는 분이 없기를 바랍니다. 은혜를 회복하십시오. 말씀을 듣는 즐거운 귀를 회복하십시오. 여러분에게 주신 은사를 다시 활용하십시오. 입에는 찬송이 회복되고, 기도가 회복되고, 전도와 사명이 회복되면 여러분도, 가정도, 죽어 가는 모든 것도 다시 살아날 것입니다.
　　절대로 여러분은 은혜를 잊어버리고 사는 사람이 되지 마십시오. 사탄은 은혜를 기억하고 사는 사람을 가장 무서워하고 건드리지 못합니다. 그렇게 울고, 그렇게 웃고, 그렇게 아멘 하던 신앙의 전성기를 회복하십시오. 넘치는 주님의 은혜 안에 살면서 여러분의 죽어 가는 모든 것이 되살아나는 은혜와 복이 있기를 바랍니다.

7
빌라델비아 교회

7
빌라델비아 교회

요한계시록 3장 7-13절

    빌라델비아 교회는 칭찬만 받은 교회입니다. 역설적이게 빌라델비아 교회는 일곱 교회 가운데 가장 작았고, 빌라델비아 도시와 교회 모두 형편이 가장 어려웠는데도 칭찬은 가장 많이 받았습니다. 칭찬만 받은 교회는 서머나 교회와 빌라델비아 교회 두 곳입니다. 서머나 교회보다 빌라델비아 교회를 향한 칭찬이 훨씬 길고 많습니다. 그래서 빌라델비아 교회는 우리에게 많은 소망과 힘을 줍니다.

    요한계시록 3장 8절 하반절에 빌라델비아 교회를 향한 칭찬이 나옵니다.

> "…내가 네 행위를 아노니 네가 작은 능력을 가지고서도 내 말을 지키며 내 이름을 배반하지 아니하였도다" (계 3:8b).

빌라델비아가 가난한 도시였으니 그 도시 안에 사는 성도들의 삶이란 뻔한 것 아니겠습니까? 그런데 놀랍게도, 이 교회 성도들은 적은 능력으로도 하나님의 말씀을 지키며 순교의 위험 가운데서도 예수님의 이름을 배반하지 않고 교회와 믿음을 지켜 나갔습니다.

어떻게 그것이 가능했을까요? 그들은 적은 능력을 없는 것으로 보지 않고 있는 것으로 보았기 때문입니다. 여러분, 적은 것은 적은 것이지 없는 것이 아닙니다. 그런데 많은 사람들이 적은 능력을 없는 능력으로 착각합니다. 하지만 빌라델비아 교회 성도들은 적은 것은 적은 것이지 없는 것이 아니라 있는 것이라고 생각하고, 적은 것을 가지고도 최고의 충성으로 교회를 섬긴 사람들이었습니다.

프란시스 쉐퍼의 말처럼 "하나님 앞에 작은 사람도 없고 작은 장소도 없다(No Little People, No Little Places)"는 말이 맞습니다. 하나님은 우리의 충성의 크기를 보고 일하시지 우리 능력의 크기를 보고 일하시지 않습니다. Not Ability, but Availability. 능력이 아니라 순종입니다.

하나님이 힘 있고 능력 있는 사람과 일하실 것 같으면 사울 임금을 사용하셨지 왜 목동 다윗을 사용하셨겠습니까? 사울은 모든 것을 다 가지고 있었으면서 자기에게 무엇이 있는지 몰라서 벌벌벌 떨었고, 다윗은 돌멩이 몇 개밖에 가진 것이 없어도 자기에게 무엇이 있는지 알았던 것입니다. 나중에 골리앗 앞에서 외치는 소리를 들어 보니, 다윗이 무엇을 가지고 있었는지를 알 수 있습니다.

"너는 칼과 단창으로 나오지만, 나는 만군의 여호와의 이름으로 나간다."

다윗은 없는 것을 신세 한탄하지 않고, 그 순간 자신에게 있는 것을 찾았습니다. 그것은 만 명의 군인을 이기는 만군의 여호와의 이름이었습니다. 그 이름을 붙들고 나가니 물맷돌 하나에도 하나님의 능력이 나타났습니다. 하나님의 일은 힘으로 하는 것이 아니라 순종과 믿음으로 하는 것입니다.

마태복음 25장에 한 달란트 받았던 사람이 주인으로부터 무서운 책망을 받고 밖으로 쫓겨난 된 이야기가 나옵니다. 그때 한 달란트 받았던 사람이 실수하고 제일 잘못 생각한 게 무엇이었을까요? 한 달란트를 없는 것으로 생각했던 것입니다. 주인이 오자, 자신이 받은 한 달란트에 대해 어떻게 생각하는지 친절하게 설명하고 있습니다.

> "한 달란트 받았던 자는 와서 이르되 주인이여 당신은 굳은 사람이라 심지 않은 데서 거두고 헤치지 않은 데서 모으는 줄을 내가 알았으므로" (마 25:24).

여기서 이 악한 종은 한 달란트를 받아 놓고도 "당신은 심지 않았지 않습니까? 당신은 흩어 나누어 주지 않았지 않습니까?" 하고 따지고 있습니다. 그런데 주인이 심었나요, 안 심었나요? 세 명에게 나누어 주었나요, 안 나누어 주었나요? 심었고 나누어 주었는데도 이 악한 종은 심지 않았다고 주인에게 따지고 있습니다.

그러니까 이 사람은 적은 것을 적은 것으로 보지 않고 없는 것으로 취급했던 게 가장 큰 문제였습니다. 그리고 한 달란트는 요즈음 돈으로 환산하면 최소한 6억 원에 달합니다. 절대로 없는 것도 아니고 적은 것도 아닙니다. 하나님은 우리가 감당하지도 못할 능력을 주시고 태산만큼 많은 것을 요구하시는 분이 아닙니다. 모든 자녀들에게 감당할 능력도 충분히 주시고 또 요구하시는 분임을 알아야 합니다.

사랑해 본 사람은 압니다. 누군가를 사랑하면 능력은 저절로 생긴다는 것을 말입니다. 사랑하는 사람을 위해서라면 없던 시간, 없던 돈도 생깁니다. 그래서 이런 유명한 말이 있습니다.

"사랑하지 않으면 핑계를 찾지만, 사랑하면 방법을 찾는다."

주님의 일을 하는 것은 능력의 문제가 아니라 사랑의 문제입니다. 우리가 진실로 주님을 사랑하면 능력은 따라옵니다. 적은 능력으로 큰 충성을 감당한 빌라델비아 교회에게 주시는 주님의 선물이 있습니다. 이 선물이 얼마나 놀라운 것인지 알게 된다면, 여러분이 받은 능력이 크든 적든 그것을 숨겨 두려는 분은 절대 없을 것입니다. 적은 능력으로도 이 위대한 선물을 얻을 수 있는데 누가 어리석게 그 능력을 감추어 두겠습니까? 지금부터 그 선물을 공개하도록 하겠습니다.

첫 번째, 모든 것을 여는 다윗의 열쇠를 선물로 주셨습니다.

> "볼지어다 내가 네 앞에 열린 문을 두었으되 능히 닫을 사람이 없으리라 내가 네 행위를 아노니 네가 작은 능력을 가지고서도 내 말을 지키며 내 이름을 배반하지 아니하였도다" (계 3:8).

미국에서 목회할 때, 예수님께서 저에게 '열리는 목회'를 하게 해 주시는 큰 은혜를 베푸셨습니다. 남들이 어렵다 하면서 포기한 것도 세미한 교회가 사역을 시작하면 열어 주셨습니다. 그런데 그중에 사람의 힘으로 가능한 것은 하나도 없었고, 모두 주님이 직접 열어 주셨기에 이루어질 수 있었습니다. 주님이 여시면 닫을 자가 없지만, 반대로 주님이 닫으시니 열 자도 없었습니다.

미국 이민을 와서 정말 어렵게 도넛 가게를 오픈한 성도 가정이 있었습니다. 개업 예배를 드릴 때 부부가 얼마나 울던지, 그동안 고생한 것을 생각하면 무조건 하나님이 열어 주셨으면 하는 마음이 있었습니다. 특히 그 부부는 저를 통해 예수님을 믿게 되었기 때문에 영적인 책임도 있었습니다.

도넛 가게를 열고 얼마나 장사가 잘 되던지 부부의 입에 함박 웃음꽃이 피었습니다. 그런데 그 웃음이 눈물로 바뀌는 데는 오랜 시간이 걸리지 않았습니다. 갑자기 그 가게 근처에 전 세계에서 제일 큰 도넛 브랜드인 '던킨도너츠'가 직영으로 들어온 것입니다. 던킨도너츠가 들어오면, 한국 사람이 운영하는 영세한 도넛 가게는 단골을 확보할 여력도 없었기에 100퍼센트 망하고 문을 닫아야 합니다. 부부는 눈물의 사연이 시작될 위기에 놓였습니다.

그때 저는 새벽예배를 마치고 몇 날 며칠을 그 던킨도너츠 앞에 가서 그 가게 주차장에 차를 세우고 얼마나 간절히 기도했는지 모릅니다.

"하나님, 던킨도너츠 부자잖아요. 세계에서 제일 잘 사는 부자잖아요. 여기 아니라도 세울 곳 많고, 여기 하나 망해서 문 닫아도 눈 하나 깜짝 안 하잖아요. 옮기든지 닫든지 해 주세요. 저 집 주님의 자녀 되었는데 살아야지요…."

주님이 닫으시면 열 자가 없다고, 놀랍게도 던킨도너츠 직영점은 두 달도 채 되지 않아 문을 닫고 철수했습니다. 제 눈물의 기도를 알게 된 교회 집사님 부부가 소문을 내기 시작했습니다. "우리 목사님이 기도하니까 던킨도너츠가 문을 닫았어!" 전 교인들에게 소문이 나서 제가 용한 목사로 한동안 주가를 높였던 적이 있었습니다.

이제 그 집은 첫 번째 매장을 기반으로 도넛 가게를 세 개나 가진 된 알부자가 되었습니다. 세계 제일의 기업이라도 주님이 닫으시면 수지타산이 맞지 않아 바로 문 닫게 하십니다. 그 회사가 시장조사조차 안 하고 개업했겠습니까? 사업 하나도 이러할진대, 예수님이 주인 되신 교회는 그야말로 열고 닫음이 우리 주님의 손에 있는 것 아니겠습니까?

교회와 성도의 축복을 우리 주님께서 열기도 하시고 닫기도 하실 텐데, 바라기는 우리 교회 모든 식구들의 믿음과 삶에도 열리는 복이 있기를 축복합니다. 사업이든 직장이든 학업이든 모든 일에 하나님께서 은혜를 베푸시어 열리는 복을 받으시길 축복합니다.

그런데 가만 생각해 보면 무섭지 않습니까? 예수님이 열면 닫을 자가 없다는 것은 굉장히 기분 좋고 소망이 넘치는 말이지만, 예수님이 닫으시면 열 자가 없다는 것은 우리를 매우 긴장시킵니다. 우리가 예수님께 잘못 보여서 예수님이 닫아버리는 인생, 예수님이 닫아버리는 교회, 예수님이 닫아버리시는 사역이 되어서는 절대 안 될 것입니다.

빌라델비아 교회에 찾아오신 예수님이 오늘은 열쇠를 들고 나타나셨습니다. 버가모 교회는 칼을 들고 찾아오셨는데, 빌라델비아 교회에는 열쇠를 들고 찾아오셨습니다. 열쇠는 열고

잠그는 두 가지 기능이 있는데, 그 열쇠를 빌라델비아 교회에게 주셨습니다. 그것도 '다윗의 열쇠'라는 이름으로, 다윗의 자손, 다윗과 세운 영원한 축복의 언약, 권세 등을 포함하는 단어입니다.

> "빌라델비아 교회의 사자에게 편지하라 거룩하고 진실하사 다윗의 열쇠를 가지신 이 곧 열면 닫을 사람이 없고 닫으면 열 사람이 없는 그가 이르시되" (계 3:7).

그렇다면 이 교회에 주신 '다윗의 열쇠'의 기능은 여는 기능일까요, 잠그는 기능일까요? 감사하게도 빌라델비아 교회에 가지고 나타나신 다윗의 열쇠의 기능은 여는 기능입니다.

> "볼지어다 내가 네 앞에 열린 문을 두었으되 능히 닫을 사람이 없으리라" (계 3:8a).

얼마나 놀랍고 복된 소식입니까? 네 앞에 열린 문을 두었으되 능히 닫을 사람이 없는 그런 복을 주신 것입니다. 열리는 교회, 열린 교회, 열린문 교회, 참 좋은 이름들입니다. 여러분의 기업도 열린문 기업이 되시고, 여러분의 가정도 열리는 가정이 되시고, 여러분이 하는 모든 일에 열리는 복이 있으시기를 바랍니다.

두 번째 선물은 회복입니다.

빌라델비아 교회 성도들이 적은 능력으로 충성을 했으니 얼마나 많은 사람들이 핍박하고 조롱하고 위협했겠습니까? 특히, 빌라델비아 교회 성도들은 대부분 가장 힘없는 사회적 약자들, 가난한 사람들, 신분이 없는 천민과 노예 계급으로 구성되어 있었다고 봅니다. 그들에게 빌라델비아 사람들이 어떻게 대했을지는 충분히 상상할 수 있습니다.

요한계시록 3장 9절에 나오는 '사탄의 회당', 즉 사탄의 모임이라고 불린 유대인이나 그 지역의 유지들이 빌라델비아 교회를 안팎에서 공격하고 성도들을 인간 이하로 대접했습니다. 성도들은 일한 만큼 대우도 받지 못했지만 그리스도인이기 때문에 박해 속에서도 주인에게 순종하고 신앙을 지켰습니다. 때리면 맞고 밟으면 밟히고 침 뱉으면 그것을 고스란히 당하면서도 온유함을 잃지 않았던 빌라델비아 교회 성도들을 주님이 귀하게 여기셨습니다. 온갖 핍박을 당하는 모습을 가만히 지켜보시다가 주님께서 그들에게 주신 축복은 무엇입니까?

> "보라 사탄의 회당 곧 자칭 유대인이라 하나 그렇지 아니하고 거짓말 하는 자들 중에서 몇을 네게 주어 그들로 와서 네 발 앞에 절하게 하

고 내가 너를 사랑하는 줄을 알게 하리라"

(계 3:9).

    능력이 없는 사람, 힘없고 백 없는 사람의 설움은 당해 보지 않으면 모릅니다. 적은 능력으로 충성하면 모두가 믿음에 감탄하며 찬사를 보내는 것은 아닙니다. 수군대기도 하고 비아냥거리기도 합니다. 충성을 해도, 자기 주제도 모르고 분에 넘치게 충성한다고 그 충성까지도 호도하는 사람들이 있습니다.

    교회에 충성하면 세상은 박수치며 응원하지 않습니다. 직장 상사가 당신의 충성을 이해하지 못하고 불이익을 주기도 하고, 직장 동료들이 예배나 모임 때문에 일찍 일어나야 하는 여러분을 이기적이라고 오해하기도 합니다. 사업거래처 사람이 일요일에 만나자고 할 때 월요일은 안 되겠냐고 미루면 배가 불렀다, 교만하다고 비난합니다. 이처럼 주일에 예배당에 나와 예배를 드리는 것이 쉬운 일이 아닙니다.

    다른 종교를 믿고 있는 사람에게 예수님만이 길이요 진리라고 말하면, 외고집 불통에 융통성 없고 분위기 깨는 독단적인 사람이라는 오해도 받으며 살기도 합니다. 때로는 그런 이미지가 승진과 출세에 걸림돌이 되기도 합니다. 친구들 모임에도 잘 못 어울리는 결과를 만들기도 하고, 어디를 가나 부담스러운 존재가 되어 아웃사이더가 되기도 합니다. 예수님을 믿는다는 것은 많은 상처를 받으며 살아야 하는 것이 운명적일 수도 있습니다. 이런 분들에게 예수님께서는 마태복음 5장 11-12절을 통해 말씀하십니다.

> "나로 말미암아 너희를 욕하고 박해하고 거짓으로 너희를 거슬러 모든 악한 말을 할 때에는 너희에게 복이 있나니 기뻐하고 즐거워하라 하늘에서 너희의 상이 큼이라 너희 전에 있던 선지자들도 이같이 박해하였느니라"(마 5:11-12).

빌라델비아 교회 성도들이 적은 능력으로 큰 충성을 하는 가운데 받은 상처와 멸시, 오해와 불이익은 얼마나 컸겠습니까? 이때 주님이 이 교회 성도들에게 어떤 선물을 주십니까? 핍박하고 멸시했던 무리들을 빌라델비아 교회 성도들 앞에 엎드리게 하고 모든 것을 회복시켜 주시겠다는 약속입니다.

> "보라 사탄의 회당 곧 자칭 유대인이라 하나 그렇지 아니하고 거짓말 하는 자들 중에서 몇을 네게 주어 그들로 와서 네 발 앞에 절하게 하고 내가 너를 사랑하는 줄을 알게 하리라"
> (계 3:9).

특히, '그들 앞에서 내가 너를 얼마나 사랑하는지 알게 해 주겠다'는 마지막 말씀은 얼마나 감동적인지 모릅니다. 주님이 회복해 주실 날을 기다리면서 오늘의 주를 위해 받는 어려움을 기꺼이 감당하시기를 바랍니다.

세 번째 선물은, 주님의 보호하심입니다. 다시 말해, 내가 너를 지켜 주리라는 약속입니다.

예수님은 우리가 주님을 위해 무엇을 참고 견디는지를 다 보고 계십니다. 무엇을 포기했는지도 다 기록하고 계십니다. 주님의 말씀을 지키기 위해 무엇을 포기하고 잃어버려야 했는지도 보셨습니다. 하나님의 말씀을 한 손으로 잡을 수 없어 두 손으로 꽉 잡아야 하느라, 손에 있는 귀하디귀한 무엇을 놓아야 했는지도 다 보고 주님이 감동을 받으셨습니다. 그러고는 하시는 말씀이 요한계시록 3장 10절입니다.

> "네가 나의 인내의 말씀을 지켰은즉 내가 또한 너를 지켜 시험의 때를 면하게 하리니 이는 장차 온 세상에 임하여 땅에 거하는 자들을 시험할 때라" (계 3:10).

네 번째 선물은 성전 기둥이 되게 하시는 선물입니다.

> "이기는 자는 내 하나님 성전에 기둥이 되게 하리니 그가 결코 다시 나가지 아니하리라 내가 하나님의 이름과 하나님의 성 곧 하늘에서 내 하나님께로부터 내려오는 새 예루살렘의 이름과 나의 새 이름을 그이 위에 기록하리라"
>
> (계 3:12).

제가 우리 교회에 와서 가장 감사한 내용 중의 하나는 훌륭하신 원로장로님, 권사님, 그리고 운영협의회 위원장분 들의 모습이었습니다. 오랜 세월 우리 교회 안에서 자라난 나무 같다는 생각을 했습니다. 아무래도 이민 교회는 이주자들 중심으로 세워진 교회이다 보니 전출입이 많습니다. 그래서 훈련하고 일꾼으로 세워도 다른 주로 가거나, 한국으로 귀국하거나, 또는 교회를 어느 정도 쉽게 옮기는 경우들이 있습니다.

그런데 우리 교회에 와서 이야기를 나누어 보면 평균 30년, 40년이 대부분이십니다. 교회 개척 멤버들도 여러 사람 인사하기도 했습니다. 불같이 일어나서 몇 년 만에 천 명, 이천 명이 되었다는 뉴스들이 신문에 실리는 교회들이 종종 있는데, 몇 년 지나고 나면 그 교회의 이름조차 듣기 힘들게 사라진 교회들이 많습니다. 오랫동안 기도로 교회를 지키고 어려움과 기쁨도 함께 이겨 낸 성도가 많은 교회는, 음부의 권세가 흔들다가도 꿈쩍하지 않는 것을 보고 일곱 길로 도망가버립니다. 우리 교회가 바로 그렇게 참 단단한 교회입니다.

우리 사역자들에게 제가 몇 번 이야기했던 것 중의 한 가지는, "우리 교회는 실전에 강하다"는 것입니다.

제가 미국에서 목회할 때 어떤 행사를 하려면 몇 달 전부터 기획안을 받아 프레젠테이션하고 신청자를 받아 부스에 배치하며, 가상 시나리오를 짜서 동선과 팔로업까지 모두 마친 후에 시작합니다. 그런데 우리 교회는 시작하기 한 주 전까지도 평소와 다름없이 평온한 것입니다. 저는 마음이 불안한데, 막상 뚜껑을 열어 보면 너무 잘하는 겁니다.

'새가족환영회'를 처음 한다고 했는데, 막상 당일에 으레 해 오던 것처럼 능숙하게 해냈습니다. '새생명 초청잔치'도 제 생각에 더 화끈하게 준비해야 할 것 같았는데, 잠잠하다가 당일 되어 보니 일사천리로 시원하게 진행되는 것입니다. 각 운영협의회 위원장들의 사업 진행 결재 서류나 위원회 회의 내용은 전문성이 탁월합니다. 그때마다 저는 "야, 신기하다"고 느낍니다.

이유가 뭘까 생각해 봤더니, 한 가지 '우리 교회를 너무 잘 알고 있다'는 것입니다. 긴 세월을 우리 교회를 지키고 교회 사정을 손바닥 보듯이 다 알고 있는 분들이 일선에서 뛰기 때문에, 눈 감고도 척척 해내는 저력이 있더라는 겁니다. 이런 분들은 뭐라고 하는지 아세요? '교회의 기둥'이라고 부릅니다. 건축물에서, 주춧돌 위에 대들보를 떠받치는 기둥으로 곧추 높게 세우는 것이 기둥입니다. 세워진 다음부터는 그 집이 존재하는 한 그 집을 떠받치는 역할을 감당합니다.

기둥은 나갔다 들어왔다 하지 않고 묵묵히 그 자리를 지킵니다. 낡은 책상과 침대가 나가고 새 책상과 침대가 들어올 때도 기둥은 그 모든 것을 지켜봅니다. 정들었던 장롱을 보내고 새 장롱을 맞이하는 것도 기둥입니다. 집안의 모든 것이 다 이별하고 새롭게 맞이하더라도 여전히 그 자리에서 그 집을 떠받치고 있는 소중한 존재가 바로 기둥입니다.

우리 교회에는 바로 이런 기둥이 되신 분들이 많이 계셔서 얼마나 감사한지 모르겠습니다. 이렇게 교회를 지켜 오신 분들에게는 주님이 크게 칭찬하실 겁니다.

요한계시록 3장 12절에, 한 사람 한 사람의 기둥 위에 우리 주님이 친히 새로운 이름을 써 주신다고 합니다. 이 세상에서 부모로부터 받은 이름이 아니라, 평생 주를 섬긴 그 사람의 특징을 담아 기둥 위에 새롭게 이름을 새겨 주신답니다. 어떤 분에게는 평생 충성을 칭찬하여 '김충성'이라 하고, 어떤 분은 평생 숨은 봉사를 했으니 '최섬김'이라고 써 주실 것이며, 어떤 분은 평생 찬양으로 살아왔으니 '박찬양'이라고 하고, 어떤 분은 평생 한결같이 섬겨 왔으니 '이신실'이라고 써 주실 것입니다. 부모에게 받은 이름이 아니라 주님이 주시는 새 이름 새 별명으로 천국으로 들어가게 될 것입니다.

적은 능력으로도 죽도록 충성하여 생명의 면류관을 받

게 된 빌라델비아 교회처럼, 우리 교회 모든 식구들도 주님의 열리는 축복, 새 이름의 축복, 면류관의 축복, 하나님이 친히 지켜 주시는 축복을 받으시기를 바랍니다.

8
라오디게아 교회

8
라오디게아 교회

요한계시록 3장 14-22절

    라오디게아 교회는 책망만 받은 교회입니다. 책망 정도가 아니라 더 심한 질책을 받았습니다. '너희 교회는 토해버리고 싶다'고 충격적으로 표현하셨습니다. '나, 저 사람 싫어'라는 것과 '아, 나 토할 것 같아'라고 말하는 것은 차이가 큽니다. 예수님이 보시기에 라오디게아 교회에 어떤 문제가 있기에 토해버릴 수도 있다는 책망을 듣게 된 것일까요? 지금부터 라오디게아 교회의 이야기를 시작하겠습니다.

    지난 장에서 빌라델비아 교회 성도들에게 '교회 안의 기둥 같은 성도가 되라'고 하신 말씀은, 다른 지역에서는 느낄 수 없는, 빌라델비아 교회 성도들에게는 실감 나는 표현이었습니다. 지진이 자주 일어나는 지형 때문에 기둥의 역할이 다른 지역보다 훨씬 중요합니다. 빌라델비아 교회에서 제일 큰 칭찬은 '교회 기둥 같은 사람'이라고 했습니다.

마찬가지로 '미지근하여 토해버리겠다'는 표현은, 다른 도시나 지역에서는 별로 피부에 와 닿지 않을 수도 있습니다. 그러나 라오디게아 교회 성도들에게 이 말은 가장 실감 나는 표현입니다. 그 이유는 지역적인 특징 때문입니다.

라오디게아 지역에서 북쪽으로 7킬로미터 지점에는 '히에라볼리'라고 하는 유명한 온천이 있습니다. 이 온천은 물이 뜨거워서 휴양지로 각광을 받았습니다. 그런데 이 뜨거운 온천물이 7킬로미터를 흘러 라오디게아 지역으로 흘러올 때쯤 되면, 물이 식어 뜨겁지도 차갑지도 않은 미지근한 물이 되고 맙니다. 온천수가 미지근해지면, 뜨거울 때는 나지 않던 독특한 냄새가 났습니다. 사람들이 그 물을 마시면 악취에 가까운 냄새 때문에 당장 구토를 일으켰습니다. 그래서 다시 뜨겁게 데우든가 완전히 식혀서 차갑게 해야 그 물을 마실 수 있었습니다. 미지근한 상태로 마시면, 누구든지 참지 못하고 뱉어버리든지 목구멍으로 넘긴 사람은 그 즉시 구토해서 쏟아내야만 했습니다. 따라서 라오디게아 지역에서 제일 모욕적인 욕은 다름 아닌 '미지근한 온천수 같은 사람'이라는 말이었습니다.

예수님께서 라오디게아 교회를 진단해 보신 후에 그들에게 뭐라고 말씀하셨는지 요한계시록 3장 15-16절을 다시 읽어 봅니다.

"내가 네 행위를 아노니 네가 차지도 아니하고

뜨겁지도 아니하도다 네가 차든지 뜨겁든지 하
기를 원하노라 네가 이같이 미지근하여 뜨겁지
도 아니하고 차지도 아니하니 내 입에서 너를
토하여 버리리라"(계 3:15-16).

얼마나 무서운 책망인지 감이 오실 것입니다. 15절에 예수님께서는 다시 차든지 뜨겁든지 하라고 최후 경고를 내리십니다. 여러분의 믿음의 온도는 뜨겁습니까? 끓는점이 100도라면 여러분은 지금 몇 도의 온도로 신앙생활을 하고 있습니까? 한때는 뜨거웠다고요? 라오디게아에 흐르는 물도 히에라볼리에서는 뜨거웠습니다. 누구나 한때는 다 뜨거웠던 사람들입니다. 한때는 밤새워 기도해 봤고, 넘치도록 헌금도 해 봤고, 힘에 지나도록 봉사도 해 보았습니다. 다들 한때는 그렇게 합니다.

오늘날 교회 안에 어떤 성도가 가장 많은가 하면, 한때 열심히 한 성도들입니다. 다른 말로 '왕년신앙'이 좋은 사람들이 많습니다. "목사님, 제가 옛날에는 이런 일도 했어요. 목사님, 제가 왕년에는 무엇도 맡았어요. 제가 왕년에는, 왕년에는, 왕년에는, 왕년에는…." 전부 왕년신앙이 금년신앙보다 좋습니다.

또 두 번째로 많은 사람은 '내년신앙'이 좋은 사람입니다. "목사님, 내년에 할게요" 하는 사람이 많습니다. "나중에 할게요" 하는 사람은 더 많습니다. "목사님, 목사님, 조금만 기다려

주세요. 제가 은퇴하고부터는 지금까지 벌어 놓은 돈 가지고 선교지에 학교도 세우고, 병원도 세우고, 선교도 다니고 할 겁니다. 그러니 지금은 부담 주지 마세요."

사람은 왕년신앙 자랑하고 나중신앙을 약속하지만, 주님은 항상 금년신앙의 온도를 재고 계십니다. 과거에 얼마나 뜨겁게 신앙생활을 했는지, 앞으로 얼마나 뜨겁게 섬길지보다 지금 어떻게 살고 있는지가 중요한 겁니다.

예수님께서 죽은 나사로를 살리실 때를 보세요. 오빠 나사로가 죽은 후에 예수님이 오시는 것을 보고 마르다가 대뜸 이렇게 말합니다. "예수님께서 여기 계셨더라면 우리 오빠가 죽지 않았을 것입니다." 이것을 보면 마르다의 과거 믿음이 얼마나 좋습니까? 그러자 예수님은 "네 오라비가 살리라"라고 현재형으로 말씀하셨습니다. 그런데, 이번에는 마르다가 미래의 믿음으로 대답합니다. "부활 때에는 우리 오라비도 살게 될 줄 믿습니다." 예수님은 지금 당장 나사로를 살리겠다고 하시는데, 마르다에게 있어 예수님은 과거와 미래에만 나사로를 살릴 수 있는 분이었습니다. 안타깝게도 지금 역사하는 믿음이 마르다에게는 없었던 것입니다.

이것이 오늘 성도들에게 있는 가장 일반적인 믿음의 모습입니다. '과거믿음, 미래믿음'도 좋은데 '현재믿음'이 없고, '과거충성, 미래충성'도 다 좋은데 '지금충성'은 없고, '과거헌신, 미래헌신'은 다 준비되었는데 '지금헌신'하기는 아까운 사람들이 많습니다. 저는 여러분의 그 뜨거움이 세월과 함께 식지 않기를 바랍니다. 늘 뜨거우시기 바랍니다. 말씀도 뜨겁게 읽으시고, 기도를 해도 이왕 하는 기도 뜨겁게 기도하시고, 찬송 하나를 불러도 주님이 받으실 만한 뜨거운 찬송을 하십시오. 교사로 헌신하면 뜨겁게 아이들을 가르치십시오. 식지 마십시오. 새가족을 환영할 때도 뜨겁게 환영하시고, 무슨 일을 해도 뜨거운 마음으로 섬기시길 바랍니다.

그런데, 오늘 본문에는 한 가지 이해하기 힘든 요구가 나옵니다. '차든지 하라'는 말입니다. 뜨거운 것은 알겠는데, 왜 차든지 하라고 하신 것일까요? 믿음에도 차가움이 필요할까요? 예, 믿음에 차가움이 반드시 필요합니다. 죄와 유혹에 대해서 차가운 사람이 되어야 합니다. 누가 권하여 죄를 짓자고 하면, 얼음처럼 차가운 사람이 되어서 물리치십시오. 누가 손을 잡고 가지 말아야 할 곳을 가자고 하거든 얼음처럼 냉정해지는 사람이 되십시오. 누가 잘못된 말로 믿음을 흔들어 놓는다면 30년 인연이라도 그 자리에서 끊으십시오.

주중에 커피숍에 앉아서 설교 말씀의 이 부분을 노트북에 입력하고 있는데, 옆자리에 남자 둘, 여자 둘 청년 4명이 앉아서 교회 이야기를 합니다. 하나님이라는 단어가 들리자 제 귀가 쫑긋해졌습니다. 계속 귀 기울여 듣는데 아무래도 분위기가 심상치 않았습니다. 누군가 질문이 있으면 해 보라고 하자, 한 자매가 질문을 하고 나머지 세 명이 저마다 열심히 답해 주었습니다. 그런데 느낌이 이상했습니다. 성경 공부가 중요하다는 둥 여지없이 신천지의 접근 방법인 것입니다. 아무래도 한 자매를 포섭해서 3명이 성경 공부로 끌어들이려는 시도임에 틀림없었습니다. 30분 정도를 듣자 마음에 확신이 들어서 그 테이블로 갔습니다.

"즐겁게 이야기 나누는 중에 대단히 죄송합니다. 성경 공부 이야기를 나누는데 질문 한 가지 해도 될까요? 오늘 이 네 분 중에 혹시 이 모임에 초대되어 온 분이 있나요?"

제가 이렇게 물으니 남자 청년이 왜 그런 질문을 하냐고 다시 묻습니다. 혹시 초대를 받고 오신 분이 있으면 분명히 전해 주고 싶은 말씀이 있다고 하며, 질문을 하던 자매에게 이 모임에 초청되어 나왔냐고 물었습니다. 그랬더니 그 자매가 "아, 저희 모두 한 교회에 다니고 독서 모임을 합니다. 사랑의교회를 다니는 청년들이에요" 이렇게 답변해서 저는 잠시 당황했습니다. 그러자 남자 청년이 이렇게 이야기합니다.

"아저씨, 혹시 저희를 신천지로 생각하신 거예요? 저희 신천지 절대로 아닙니다."

질문을 계속하던 자매가 뒤이어 이야기합니다.

"와, 굉장히 용감하시네요."

그때 제가 이야기했습니다.

"신천지 모임 아니죠? 자매님, 이 모임이 신천지면 절대로 모이면 안 돼요. 그리고, 신천지 아니라서 너무 고마워요. 예수님이면 충분하니까 이만희 필요 없어요."

그랬더니 그중 남자 청년이 "저희에게 찾아와서 물어 주셔서 감사합니다"라고 하기에 저도 윙크하고 나왔습니다.

여러분, 이단이 환한 미소를 띠고 접근하여 함께 가자고 손을 내밀거든, 얼음처럼 차가워지십시오. 30년 된 친구가 한 번만 성경 공부 하자고 부탁해도 얼음보다도 더 냉정해지십시오. 죄에 대해서는 얼음보다 차가워지는 냉정함을 가질 수 있을 때 여러분의 영혼을 지킬 수 있습니다. 성경에서도 이단에 속한 자는 한두 번 훈계한 후에 돌이키지 않으면 냉정하게 내쫓으라고 했습니다. 아무리 불쌍한 모습으로 와도 이단이면 집에 들이지 말라고 했습니다. 얼음명령입니다.

믿음은, 주님을 향해서는 용광로보다 뜨거워야 하고, 죄와 사탄 마귀에 대해서는 얼음보다도 차가워야 지킬 수 있습니다. 라오디게아 교회에 보내는 편지에는 예수님께서 병든 이 교회를 치료하는 처방법이 나오고 있는데, 그중 하나가 18절 후반절에 등장합니다.

"안약을 사서 눈에 발라 보게 하라" (계 3:18b).

라오디게아 지역은 온천수와 온천 지역에서 나오는 광물질로 최상품의 안약을 만들어 수출했습니다. 특산품으로 안약이 가장 유명한 도시였던 것입니다. 그러기에 라오디게아 성도들은 누구보다도 안약의 효능과 필요성을 잘 알고 있었습니다.

그런데 그들은 일주일 내내 사람들의 눈에 바르는 안약을 만들어 팔고 있으면서도 정작 자신들의 영적인 눈은 닫혀서 모두 소경이 되어버렸으니 아이러니한 상황이 아닐 수 없습니다. 그래서 예수님은 남의 눈을 고치기 전에 안약을 사서 실명 위기에 놓인 자신의 영적 눈을 먼저 뜨게 하라고 명령하시는 것입니다. 남의 눈 걱정하지 말고 네 눈 걱정 먼저 하라는 뜻입니다. 예수님은 라오디게아 교회 성도들의 눈에 안약을 발라 고쳐 주심으로써 무엇을 보게 하고 싶으셨던 것일까요? 라오디게아 교회들이 눈을 뜨고 봐야 할 것이 무엇이었을까요?

첫째, 친구가 누구인지 적이 누구인지를 보는 눈이 열려야 합니다.

가까이해야 할 사람이 누구인지, 멀리해야 할 사람이 누구인지를 보는 눈이 열려야 한다는 것입니다. 그것을 위해 안약을 사서 바르라는 것입니다. 다시 말해 네가 만나는 사람이 네 믿음을 미지근하게 만드는 친구인지 뜨겁게 만드는 친구인지를 판단할 줄 아는 눈이 열려야 한다는 말입니다.

신앙생활을 잘하려면 함께 갈 친구를 가려서 볼 줄 아는 눈이 열려야 합니다. 즉 분별력을 지녀야 합니다. 다른 사람이 소경이 아니라, 친구를 원수로 보고 원수를 친구로 보는 사람이 소경입니다. 함께하면 안 되는 사람을 친구로 삼아 날마다 같이 차 마시고 밥 먹고 이야기합니다. 반면 반드시 함께해야 할 사람에게는 시간이 없다고 돌려보내는 그 사람이 바로 소경입니다.

누가 나의 믿음을 뜨겁게 해 주는 사람입니까? 누가 비타민 같은 친구이고, 누가 농약 같은 친구입니까? 비타민을 쓰레기통에 버리고 농약을 음료수인 줄 알고 마시는 사람에게 눈을 밝히 틔워 줄 안약이 필요합니다. 평생 만나고 붙들고 살아온 믿음의 친구가 가짜면 어떡합니까? 여러분의 영혼을 도둑질해 오라고 마귀가 파송한 가짜 선교사면 어떡합니까? 누가 친구인지 누가 멀리해야 할 적인지를 제대로 아는 사람이 가장 복된 성도입니다.

두 번째, 안약을 발라 눈을 뜨게 해서 봐야 할 것은 자기 자신입니다.

예수님의 눈에 비친 라오디게아 교회 성도의 모습은 영적으로 기아 상태에 놓인 가난한 사람들입니다. 세상에서는 부자로 먹고살았는지 몰라도 하나님의 눈에는 천국에 쌓아 둔 것이 아무 것도 없는 영적 빈자들이었습니다. 예수님은 지금 그들에게 제발 눈을 열어 너희들이 영적으로 얼마나 가난한지를 보라고 명령하십니다. 그들은 꿈에도 자신들이 영적으로 가난하다고 생각지 못했습니다. 눈이 가려졌기 때문입니다.

"네가 말하기를 나는 부자라 부요하여 부족한

것이 없다 하나 네 곤고한 것과 가련한 것과
가난한 것과 눈 먼 것과 벌거벗은 것을 알지
못하는도다"(계 3:17).

예수님의 눈에는 그들이 곤고하고 가련하고 가난하고 옷 한 벌 없이 벌거벗고 다니는데, 자신들은 부요하여 부족한 것이 없다고 태평하게 살고 있습니다. 맞습니다. 세상 부자가 있고, 하나님께 부자가 있습니다. 세상에서 부자로 살아도 천국 가면 아무것도 없는 사람이 있고, 세상에서는 궁핍하게 살아도 하나님 나라에서 큰 부자인 사람이 있습니다. 예수님께서도 이 땅의 부자로 살지 말고 하늘나라의 부자로 살라고 친히 말씀하셨습니다. 그리고 우리가 이 땅에 사는 동안 하늘에 보물을 쌓아 두는 것이 가능하다고 하셨습니다.

"너희를 위하여 보물을 땅에 쌓아 두지 말라
거기는 좀과 동록이 해하며 도둑이 구멍을 뚫
고 도둑질하느니라 오직 너희를 위하여 보물을
하늘에 쌓아 두라 거기는 좀이나 동록이 해하
지 못하며 도둑이 구멍을 뚫지도 못하고 도둑
질도 못하느니라 네 보물 있는 그 곳에는 네
마음도 있느니라"(마 6:19-21).

교회 안에 보물을 하늘에 쌓아 두고 사는 하늘나라 부자들이 많습니다. 그러나 이 땅에 떵떵거리며 살다가 하늘나라에서는 아무것도 없는 빈털터리인 사람이 더 많습니다. 그래서 바울은 디모데전서 6장에서 "디모데야, 네가 목회할 때 성도 중에 헛된 물질에 마음을 두는 사람이 있으면 반드시 이렇게 권면하라"고 말씀하십니다.

> "네가 이 세대에서 부한 자들을 명하여 마음을 높이지 말고 정함이 없는 재물에 소망을 두지 말고 오직 우리에게 모든 것을 후히 주사 누리게 하시는 하나님께 두며 선을 행하고 선한 사업을 많이 하고 나누어 주기를 좋아하며 너그러운 자가 되게 하라 이것이 장래에 자기를 위하여 좋은 터를 쌓아 참된 생명을 취하는 것이니라" (딤전 6:17-19).

우리도 오늘 안약을 사서 우리 눈에 발라 봐야 합니다. 그리고 우리 자신을 봐야 합니다. 세상에서 자기를 가장 보기 힘든 사람이 자기 자신입니다. 남들이 해 주는 칭찬과 격려에 너무 방심하지 말고, 정말 내 영혼은 하늘나라의 부자인가 살펴봐야 합니다. 세상 음식에 헛배가 불러 영적으로 굶어 죽어가는 내 영혼을 돌보지 못하고 있는 것은 아닌지 분별하기를 바랍니다.

세 번째, 안약을 바르고 제대로 보아야 하는 것은, 바로 문밖에 서 계신 예수님입니다. 오늘 본문에는 아주 유명한 구절이 나옵니다.

> "볼지어다 내가 문 밖에 서서 두드리노니 누구든지 내 음성을 듣고 문을 열면 내가 그에게로 들어가 그와 더불어 먹고 그는 나와 더불어 먹으리라"(계 3:20).

복음전도 설교에 항상 등장하는 구절입니다. 물론 이 구절을 복음전도 설교에 사용할 수 있습니다. 그런데 엄밀히 말하면, 이 구절은 예수님을 믿지 않는 사람 앞에 예수님이 서서 문을 두드리시며 들어가자고 부탁하는 구절이 아닙니다. 이것은 이미 예수님을 믿고 에클레시아 교회를 이루고 사는 라오디게아 교회와 성도들에게 문을 두드리시며 문을 열라고 하는 구절입니다. 따라서, 이 구절은 예수님을 한 번도 마음에 모시지 않은 사람이 아니라, 예수님을 마음에 모셔 놓고도 예수님을 삶의 현장에서 밖으로 쫓아낸 사람들을 책망하고 있는 내용입니다. 마음에 모셨으나 삶에서는 쫓아냈다니, 이 얼마나 무시무시한 상황입니까?

여러분의 예수님은 지금 어디에 계십니까? 여러분 삶의 한가운데에 계십니까? 여러분이 어디를 가든 예수님과 동행하십니까? 아니면 기억도 나지 않는 그 옛날에 예수님을 마음에 모신 뒤로 예수님이 내 마음 어디에 계신지도 모르는 것 아닙니까? 예수님을 마음에 모신 뒤로 나는 이제 천국 가게 생겼으니, 이제 내 삶은 간섭하지 말아 달라고 하는 것은 아닙니까? 나도 성인이고 내 인생 하나쯤은 챙기면서 살 수 있다면서 예수님을 삶에서 추방해버렸습니까?

일용할 양식을 눈앞에 두고도 식사기도조차 하지 않고 예수님을 삶에서 쫓아낸 사람들이 많습니다. 회사를 일 년 다녔는데도 직장 동료들이 예수 믿는 줄도 모르게 직장에서 예수님을 쫓아낸 사람들이 있습니다. 예수 믿는 것을 타인이 알면 불이익을 받게 되니, 삶의 모든 분야에서 예수님을 쫓아냅니다. 요양원에 부모님 만나러 가듯 일주일에 한 번 교회로 예수님을 면회합니다. 예배를 뜨겁게 드리고는 마지막 기도 때 이렇게 기도하지요. "예수님, 다음 주에 또 헌금 들고 올 테니, 제발 저를 따라오지 마세요. 제 삶에 이래라 저래라 간섭하시면 제가 힘들어요. 여기 계시면 다시 오겠습니다."

여러분의 삶에 예수님이 계십니까? 예수님을 의식하면서 사십니까? 오늘도 어쩌면 예수님이 여러분의 삶에 노크를 하고 계실 것입니다. 여러분 집 문을 두드리실 때 틀림없이 발로 하실 것입니다. 발로 문을 차면서 열라고 하실 것입니다. 왜일까요? 두 손에는 먹을 것이 가득하기 때문입니다.

> "볼지어다 내가 문 밖에 서서 두드리노니 누구
> 든지 내 음성을 듣고 문을 열면 내가 그에게로
> 들어가 그와 더불어 먹고 그는 나와 더불어 먹
> 으리라" (계 3:20).

이 세상 최고의 셰프 예수님께서 우리 인생에 찾아오시면 잔치가 열립니다. 영적 배고픔을 단숨에 해결해 주시는 예수님의 풍성한 식탁을 기대해 보세요. 예수님을 우리 집에 모시면 내가 식사를 대접해야 한다고 생각하니 부담스러워 문을 열지 못합니다. 하지만 예수님은 여러분 인생의 최고의 요리사입니다. 여러분의 인생의 냉장고 안에 오래된 음식이 있어도 그분의 손을 거치는 순간 최고의 요리가 되고, 여러분의 인생은 잔칫집 같을 것입니다.

라오디게아 교회 성도들은 삶의 문 밖에 서 계신 예수님을 보지 못했습니다. 자기 안에 있는 줄로 생각했습니다. 문을 두드려도 '설마 예수님이시겠나, 내 안에 계신데' 하면서 문을 열어 주지 않았습니다. 예수님은 말씀하십니다. '안약을 눈에 발라 내가 어디 있는지 보아라. 문을 열어라. 내가 다시 네 삶의 한가운데로 들어가자. 그리고, 너는 나를 통해 다시 배부르게 먹는 풍성한 삶을 살아야 한다'라고 말씀하고 있습니다.

9

나의 교회를 사랑합니다

9
나의 교회를 사랑합니다

요한계시록 3장 22절

지금까지 요한계시록에 나온 일곱 교회의 모습을 살펴보았습니다. 그 가운데 우리 교회는 어떤 상태에 있는지 돌아볼 수 있는 기회가 되었습니다. 일곱 교회를 향한 칭찬과 책망을 요약하면 이렇습니다.

첫째, 교회가 그리스도의 몸이라서 예수님을 사랑한다면, 교회도 사랑해야 합니다. 둘째, 예수님은 사랑하면서 교회를 사랑하지 않는 것은 있을 수 없습니다. 셋째, 교회를 핍박함으로써 예수님을 핍박하지 마십시오.

그리고 각 교회를 향한 책망과 칭찬을 요약하면 이렇습니다.

에베소 교회는 인내의 수고에 대해서는 칭찬받았으나, 첫사랑을 잃어버린 데 대해 책망을 들었습니다. 이에 예수님은 첫사랑을 다시 찾아와야 한다고 충고하십니다. 서머나 교회는 환난과 핍박 중에도 믿음을 지켜서 칭찬을 들었으며 책망 받은 것은 없었습니다.

그리고 버가모 교회는 순교적 신앙을 가진 것에 대해 칭찬하셨고, 발람과 니골라 당을 용납한 것에 대해 책망하셨습니다. 두아디라 교회는 이세벨을 용납하지 않았고 나중 행위가 많음에 대해 칭찬해 주셨으나 영적 외도에 대해서는 가차없이 비판하셨습니다. 또한 책망만 받은 사데 교회에 대해서는, 살았다는 이름은 있으나 죽었으니 죽은 것을 깨우라고 일침을 놓으십니다.

빌라델비아 교회는 적은 능력으로 큰 충성을 했으며 다윗의 열쇠 받은 것을 칭찬하시고 성전의 기둥이 되게 하셨습니다. 서머나 교회와 마찬가지로 책망은 하지 않으셨습니다. 마지막으로 라오디게아 교회는 칭찬 내용은 없이, 차지도 덥지도 않은 미지근한 믿음에 대해 질책하십니다. 현재의 영적 온도를 재보고 예수님이 어디 계신지 살피며 자기 자신을 보는 눈이 열려야 한다고 따끔하게 경고하십니다.

요한계시록은 종말을 준비하라고 우리에게 주신 성경입니다. 종말 준비를 위해 예수님은 교회 준비를 하고 계십니다. 어제나 오늘이나 예수님은 교회를 통해 일하고 계시며 예수님의 관심이 교회를 떠난 적은 단 한순간도 없었습니다. 사탄 마귀는 이런 예수님의 계획을 알기 때문에 교회를 계속 무너지게 만들고, 교회의 영광을 가려 세상의 웃음거리로 만들고, 교회

다니는 사람들의 입에서조차 교회를 우습게 여기는 말로 농담을 삼게 만들어 교회의 영광을 가리려 합니다. 하지만 정작 예수님은 교회를 포기하신 적이 단 한 번도 없고, 일곱 교회를 다시 무장시켜 마지막 때를 준비하게 하십니다. 이것을 우리는 늘 기억해야 합니다. 교회는 세상을 변화시키고 재림을 준비하는 가장 강력한 선교단체이면서 믿음의 공동체입니다.

여러분, 우리 교회가 세워진 이곳에서 제일 중요한 곳은 어디일까요? 이 지역의 화려한 건물들과 수많은 단체들 가운데 예수님의 관심은 어디에 있으실까요? 바로 우리 교회에 있습니다. 예수님의 관심은 항상 교회에 있습니다. 예수님께서 이 땅을 누구에게 맡기셨을까요? 우리 교회에 맡기셨습니다. 이 사명이 없으면 우리 교회는 이곳에 있어서는 안 됩니다. 교회는 그 지역을 책임지라고 주님께서 세우신 것입니다. 선교적 사명을 잃어버린 교회는 그 지역에 있을 자격이 없습니다. 빌라델비아 지역은 빌라델비아 교회에게 맡기셨고, 에베소 지역은 에베소 교회에게 맡기셨습니다. 그 책임을 다하지 못한 교회가 책망을 받았던 것을 기억해야 합니다.

그런데 의외로 자기 교회가 세워진 지역을 매우 싫어하는 교회들이 더러 있습니다. 모이면 자기 교회가 세워진 곳을 안 좋게 이야기하고 비하하는 발언을 합니다. 만약 그런 마음이라면 그 교회는 그곳에 있을 자격이 없습니다. 다른 곳으로 옮겨야 합니다.

흔하지는 않지만, 가끔씩 만나는 목회자들 중에도 본 교회가 있는 지역을 좋지 않게 이야기하기도 하고, 그 지역 사람들을 좋지 않게 평가하면서 불만을 많이 표현하기도 합니다. 마음은 이해하지만, 그러면 안 됩니다. 사랑해야 합니다.

아내와 제가 댈러스에서 목회를 시작하기로 하고 가장 많이 노력한 것은, 댈러스를 사랑하는 마음을 가지는 것이었습니다. 그러다 보니 댈러스가 얼마나 좋은지 모릅니다. 여름이면 40도가 훨씬 넘는 더운 날씨조차도 다른 지역분들은 못 참겠다고 혀를 내두르지만 우리에게는 좋은 겁니다. 부흥회를 다닐 때마다 댈러스로 오라고, 댈러스가 좋다고 했더니, 부흥회 때 은혜 받고 댈러스로 이사 와서 교회에 등록하는 일들도 심심찮게 생겼습니다. 목사는 자기 교회가 있는 그 지역을 누구보다 사랑해야 합니다.

뉴욕 맨해튼에서 리디머 교회를 개척하고 수많은 뉴요커들을 주님 앞으로 인도했으며 전 세계적으로 영향을 미친 목회자이면서 저술가, 그리고 크리스천 변증가인 팀 켈러는 그의 사역을 총 집대성한 책 〈팀 켈러의 센터처치〉에서 이런 중요한 말을 했습니다.

"도시에 세워진 교회는 그 교회를 있게 해 준 도시에 감사하며 사랑해야 한다."

이 말만큼 교회의 존재 목적을 쉽고도 명확하게 표현하는 글이 또 있을까 싶습니다. 그는 그의 책에서 이렇게 강조하고 있습니다. "맨해튼을 좋아해서 모인 도시 사람들에게 맨해튼을 싫어하게 만들지 말라. 맨해튼이 좋아서 모인 사람들에게 맨해튼을 사랑하는 마음을 부어 주어라. 도시에 세워진 교회는 도시는 타락했다고 말하지 말고 도시의 가능성과 장점을 가르쳐 주라."

팀 켈러는 왜 맨해튼 사람들에게 맨해튼을 사랑하게 만들었을까요? 그리고 팀 켈러 자신부터 왜 맨해튼을 그토록 사랑했던 것일까요?

사랑하는 마음이 있어야 기도하기 때문입니다. 사랑하는 마음이 있어야 가까이 가기 때문입니다. 사랑하는 마음이 있어야 그들과 함께할 수 있기 때문입니다. 그래서 교회는 그 교회가 세워진 그 지역을 진심으로 사랑해야 합니다. 팀 켈러는 그의 책에서 계속해서 이렇게 도전했습니다.

"많은 목회자들이 자기의 교회가 세워진 지역을 사랑하지 않는다. 타락하고 병들고 죄에 찌들어 있다고 지적만 하지, 그 지역을 진심으로 사랑하는 목회자는 많지 않다."

그렇습니다. 도시와 그 지역을 변화시키고 싶다면 먼저 사랑하고 좋아해야 합니다. 여러분은 우리 교회가 세워진 지역과 도시를 사랑하세요? 만약 그렇지 않다면 오늘부터 사랑하는 마음을 키우시기 바랍니다. 그래야 하나님이 우리에게 이 땅을 맡기실 것입니다.

팀 켈러는 이렇게 또 도전합니다.

"교회는 그 교회가 있게 자리를 만들어 준 그 지역에 대해 감사의 마음을 가져야 한다."

이 도시가 얼마나 고맙습니까? 우리 교회를 있게 해 준 엄마와 같은 곳 아닙니까? 우리는 영원히 이 도시에 빚지고 있습니다. 그래서 세상 사람들이 이 도시를 타락한 곳이라 생각해도, 우리 교회 식구들은 자식이 부모에게 효도하듯 우리를 이곳에 있게 해 준 이 도시에 감사한 마음을 품어야 합니다. 우리가 이 도시를 사랑하지 않으면 하나님은 이 지역을 우리 교회에 맡기지 않습니다.

그렇다고 해서 이곳이 거룩한 도시라는 뜻은 아닙니다. 다른 도시보다 죄가 적다는 말도 아닙니다. 다른 도시들이 가지고 있는 문제들이 없다는 뜻도 아닙니다. 어쩌면 뉴스에 가장 많이 나오는 도시의 이야기가 현실일 것입니다. 부와 권력이 모인 곳에는 필연적으로 죄와 타락이 따라오기 때문에, 가장 많은 죄를 품고 있는 곳이 이 지역일 수 있습니다. 그렇기 때문에 더욱더 교회가 필요한 것이고, 그렇기 때문에 더욱더 이 지역을 놓고 간절하게 기도해야 하는 것입니다.

성경에는 도시를 놓고 기도했던 두 사람이 나옵니다. 한 사람은 니느웨 도시에서 사역했던 요나였고, 한 사람은 소돔과 고모라를 놓고 기도했던 아브라함이었습니다. 둘 다 도시를 품은 사역자입니다. 그런데, 이 둘의 자세는 완전히 달랐습니다.

니느웨에 가서 말씀을 전했던 도시 선교사 요나는 그 도시가 망했으면 하는 마음으로 말씀을 전했습니다. 하루 종일 다니면서 이 도시가 곧 망할 것이라고 외쳤습니다. 회개를 외쳤지만 마음속에서는 망했으면 하는 마음이 컸습니다. 하나님의 긍휼하심으로 니느웨는 회개하고 돌이켰지만, 요나는 책망을 받았습니다.

하지만 아브라함은 달랐습니다. 하나님께서 소돔과 고모라를 심판하기로 하셨을 때 아브라함은 그 도시를 불쌍히 여겨 달라고 하나님께 끝까지 간구했습니다. 50명의 의인이 있어도 망하게 하시겠냐고 애타게 기도하자, 50명을 찾으면 용서하겠다고 하셨습니다. 그러자 아브라함은 45명, 40명, 30명, 20명, 10명…, 이렇게 모든 자존심을 내려놓고 책망을 감수하며 소돔과 고모라를 대신해서 하나님께 끝까지 매달렸습니다. 전심을 다한 아브라함의 기도는 그 도시를 책임지는 자의 모습입니다.

요나와 아브라함을 통해 우리는 우리 교회가 세워진 이 지역을 위해 어떤 마음을 품어야 하는지 알 수 있습니다. 내가 사는 이 도시가 니느웨처럼 무너지기를 바라는 마음을 가져서는 안 됩니다. 소돔과 고모라가 절대 무너지지 않고 회개하기를 바랐던 아브라함처럼 우리도 우리 도시에 사랑과 긍휼을 품어야 합니다.

그러면 하나님께서는 이 도시의 많은 주민들을 어느 교회에 맡기실까요? 지역 주민들을 제일 사랑하는 교회에 맡기시리라는 것을 저는 확신합니다.

이런 이야기가 있지 않습니까? 어느 교회에서 목회자를 청빙하는데, 최종 후보가 두 명으로 좁혀졌습니다. 두 후보를 불러 동일한 원고를 주고 각각 설교를 하게 했습니다. 지옥에 관한 내용이었는데, 두 후보 중 두 번째 목사님으로 결정되었다고 합니다. 똑같은 원고로 설교했는데, 저분은 되고 왜 나는 안 되었냐고 첫 번째 목사님이 질문하자 이런 대답이 돌아왔다고 합니다.

"예, 목사님, 죄송합니다. 목사님께서 설교하실 때는 저희들을 향해서 그렇게 살다가는 지옥 간다라는 뉘앙스로 말씀하셨는데, 저분은 똑같은 설교인데도 여러분은 절대 지옥 가서는 안 된다는 마음이셨습니다. 바로 그 이유입니다."

이 도시에 세워진 교회는, 어떤 자세로 이 지역 사람들을 만나고 섬기고 복음을 전해야 할까요? 사랑하는 마음을 품어야 합니다. 그것이 지역에 세워진 지역 교회의 첫 번째 자세입니다. 여러분 모두가 여러분의 교회가 위치한 지역을 뜨겁게 사랑하시기를 바랍니다. 비록 여러분 중에 다른 지역에 사신다고 할지라도 우리 교회가 세워진 이 지역을 뜨겁게 품고 사랑하는 마음을 가져야 합니다.

그러니 이 도시 사람들을 타락한 죄인으로 취급하고, 모두 썩었으니 다 바꾸어 버리겠다고 비장한 모습으로 칼을 빼들고 휘두르지 말아야 합니다. 대신 우선 지역과 교회가 둘도 없는 친구가 되어야 합니다. 함께 걷고 함께 기도하고 함께 동역해

나가야 합니다.

우리 교회가 이 지역을 사랑하고 품고 기도하고 함께 걷고 함께 이 땅을 하나님의 땅으로 바꾸는 거룩한 소명을 품지 않으면, 한국 땅에서 어느 지역 교회가 이 땅을 품고 기도하겠습니까? 하나님은 우리 교회에 이 지역의 영적 책임을 맡기셨습니다. 이것이 교회의 사명입니다. 그 지역을 책임지는 선교적 교회라면 이것을 첫 번째 인식의 전환으로 삼아야 합니다.

일곱 교회 이야기를 살펴보면 한 가지 공통점이 있습니다. 일곱 교회 모두가 그 지역을 대표하는 교회라는 것입니다. 라오디게아에 세워진 라오디게아 교회, 빌라델비아에 세워진 빌라델비아 교회, 무슨 뜻입니까? 그 지역을 그 교회에 맡기셨다는 뜻입니다. 그 교회에게 그 지역을 책임지고 품고 변화시키는 선교적 책임을 주셨다는 뜻이고, 그 책임을 다했는지 반드시 물으시겠다는 것입니다.

"너는 책임을 다해 너희 교회가 있는 그 지역을 섬겼느냐?"

그래서 앞으로 우리 교회가 일곱 교회들처럼 이 지역을 가장 뜨겁게 사랑하는 교회가 되었으면 좋겠습니다.

예수님께서는 아시아의 일곱 교회를 향해, 귀 있는 교회는 성령이 하시는 말씀을 들으라고 하셨습니다. 그래서 저는 주님 앞에 무릎 꿇고 기도하면서 성령께서 우리 교회에 하시는 말씀을 들을 것입니다. 열린 귀로 하나님께서 어떤 말씀을 하시는지 잘 들어야 합니다. 이 도시를 위해 무엇을 하시기 원하시는지, 어떤 아이디어를 주시는지 귀 있는 자가 되어 성령께서 우리 교회에 하시는 말씀을 듣는 '듣는 교회'가 될 것입니다.

우리나라 안에서도 외국인들의 거주 현황이 지역별로 특징이 있습니다. 외국인 노동자들이 밀집하여 정착한 곳이 있는가 하면, 주요 도시의 거점에는 각국 리더들이 주재원으로 상주하고 있습니다. 이들은 한국에 계속 머물러 살지 않고 일정 기간이 지나면 자기 나라로 돌아갈 것입니다. 따라서 우리 교회를 통해 각국에서 온 사람들을 전도한다면, 그야말로 온 세상에서 가장 영향력 있는 선교사가 되어 본국으로 돌아가게 할 수 있을 것입니다.

최근 도시 선교가 전 세계적으로 각광받고 있습니다. 그 모토는 이렇습니다.

"예전에는 도시가 모든 나라 안에 있었지만 지금은 도시 안에 모든 나라가 있다."

저는 우리 교회에서 무한한 가능성을 보고 있습니다. 우리 교회에 각국에서 온 사람들을 위해 진짜 열린 예배가 생겨야 할 것입니다. 여러 나라에서 온 주재원들과 리더, 노동자들까지 두루 참여하는 예배가 이루어져야 할 것입니다.

우리는 자꾸 질문해야 합니다.

"우리 교회는 왜 여기에 세워져 있는가?"

그러면 성령께서 귀 있는 교회에게 왜 세워졌는지, 무엇을 해야 하는지 계속해서 말씀해 주실 것입니다.

나의 교회를 사랑합니다

초판 1쇄 발행	2024년 10월 11일
지은이	최병락
발행처	검과흙손
발행인	최병락
교열·교정	한혜경
주소	서울특별시 성동구 왕십리광장로 17, 5F
전화	02)546-3221
팩스	02)546-1302
홈페이지	www.kjbc.or.kr
디자인	디자인브릿지

ISBN 978-89-97317-15-8 03230

이 책의 저작권은 〈검과흙손〉에 있습니다.